U0895248

“十三五”国家重点出版物出版规划项目

转型时代的中国财经战略论丛

发达资本主义经济体劳资关系演变的比较研究

——以美国、德国、瑞典为例

郭玲玲 著

中国财经出版传媒集团
经济科学出版社
Economic Science Press

图书在版编目（CIP）数据

发达资本主义经济体劳资关系演变的比较研究：以美国、德国、瑞典为例/郭玲玲著．—北京：经济科学出版社，2020.12
（转型时代的中国财经战略论丛）
ISBN 978－7－5218－2240－3

Ⅰ．①发…　Ⅱ．①郭…　Ⅲ．①发达国家－资本主义经济－劳资关系－对比研究　Ⅳ．①F246

中国版本图书馆 CIP 数据核字（2020）第 264106 号

责任编辑：于海汛　冯　蓉
责任校对：王苗苗
责任印制：范　艳　张佳裕

发达资本主义经济体劳资关系演变的比较研究
——以美国、德国、瑞典为例
郭玲玲　著
经济科学出版社出版、发行　新华书店经销
社址：北京市海淀区阜成路甲 28 号　邮编：100142
总编部电话：010－88191217　发行部电话：010－88191522
网址：www.esp.com.cn
电子邮箱：esp@esp.com.cn
天猫网店：经济科学出版社旗舰店
网址：http://jjkxcbs.tmall.com
北京季蜂印刷有限公司印装
710×1000　16 开　10.25 印张　170000 字
2021 年 9 月第 1 版　2021 年 9 月第 1 次印刷
ISBN 978－7－5218－2240－3　定价：46.00 元
（图书出现印装问题，本社负责调换。电话：010－88191510）

前 言

自20世纪70年代新自由主义兴起以来，发达资本主义国家劳资关系经历了明显的变化。本书试图分析不同发达资本主义经济体劳资关系的演变，以比较它们的相似和差异，加深对当代资本主义的认识。具体的研究国家是作为自由市场经济模式代表的美国、以部门协调为主的协调市场经济国家德国、以国家协调为主的协调市场经济国家瑞典。

对发达资本主义经济体劳资关系演变的判断，趋同论占据了主流。一种趋同的见解辩称全球市场的推进使得各国劳资关系系统最终趋同于普遍放松管制，也越来越同质化，另一种来自早期劳资关系多元主义研究，相关研究者指出各国劳资关系将最终趋同于“多元产业主义”。本书认为这些认识高估了理论的确定性和预测能力，从而忽视了对劳资关系演变经验现象的关注。为了更贴近自20世纪70年代以来劳资关系演变的经验事实，本书在马克思主义的视角下分析不同资本主义经济体劳资关系的演变。

第1章和第2章基于马克思主义对劳资关系相关概念的界定以及若干概念工具，建立了本书的理论基础和具体的分析框架。基于概念层面上的界定，本书提出了劳资关系演变跨国比较分析的三个核心主题，包括考察劳资力量对比的变化，考察雇主和雇主组织、工人和工会以及国家三者相互作用下，宏微观层面劳资关系安排的动态变化，宏观层面的劳资关系主要涉及劳动力市场上劳动力商品如何定价，主要的制度安排有集体谈判，而微观层面的劳资关系主要涉及工作场所劳动力管理实践的变化。为了更好地比较这3个主题，在第2章制定了比较分析的具体框架。具体的分析框架包含两个部分。其一，在积累视角下通过资本—工会的框架分析劳资力量对比的动态，资本的生产和金融调整促成了以服务业为主导的就业结构以及金融化，就业结构的这种变化以及金融化发展改变（提高）了资本的权力；相应的，工会运动的变化揭示了劳方力量的变化。其二，在资本主义多样性框架中分析不同的资本主义政治经济体制下，雇主和雇主组织、工人和工会、国家在互动中采取了哪些策略和行动，正是它们三方的相互作用引发了具体的劳资关系制度的演变。

第3、4、5章分别描述了美国、德国、瑞典劳资关系演变的大致情形，第6章进行了综合的比较。在20世纪70年代之前，美国还具备工会产业关系的框架，核心产业发展出了制度化的集体谈判，覆盖了1/4的美国雇员，工会还通过企业层面的集体谈判发挥着工作场所管理的功能，在非工会覆盖的工作场所，实行由管理方控制的人事管理。德国劳资关系系统的二元框架基本形成：在产业层面，由工会和雇主协会就工资、工时等问题进行集体谈判，集体谈判法规定受集体谈判约束的雇主不仅要向工会成员，也要向受雇的非工会成员提供协议工资，因此集体谈判雇员覆盖面取决于雇主协会的雇员覆盖率，集体谈判覆盖了绝大部分德国雇员（鉴于绝大部分雇主参加了雇主协会）；在工作场所，员工参与共同决策的立法确立了监事会和工作委员会等员工共决机制，作为覆盖面更广泛的员工共决安排，工作委员会按照法律规定是独立于工会的机构，不仅代表雇员利益，也有义务同雇主合作，并且工作委员会参与企业人事和社会事务共决的事项极其有限。瑞典则形成了由工会联合会和雇主联合会主导的国家层面的集体谈判体系和“团结一致”的工资政策，缩小了全国劳动者之间的工资差异，但是在工作场所如何使用劳动力还是管理者的特权。

经历了几十年的发展，美国、德国、瑞典三个国家劳资力量的对比越来越有利于资本。三个国家越来越依赖服务业部门提供就业。美国金融化程度最高，推进了公共政策领域资本话语权的上升、股东价值管理以及工人对资本家利益的默许和顺从。德国金融化更显著的表现是公司治理由利益相关者管理转向股东价值管理，一方面资本的流动性上升，进而提升了资本的支配力，另一方面破坏了传统的管理—员工参与式结构，削弱了依托于该参与式结构才得以维系的雇员权利。金融化在瑞典也扮演着日益重要的角色。三个国家以服务业为主导的就业结构和金融化提升了资本的权力，与之相反，则是劳工运动的衰退。美国工会覆盖率和组织能力显著下降。德国工会会员率同样下降严重，同时，工会联盟系统的“组织性”不断衰落，工会运动日益丧失“团结一致”的政治身份。瑞典工会覆盖率相比20世纪60年代末期70年代初期没有多少变化，但是受职业结构变化的影响，在工会运动中发挥支柱作用的蓝领工会联盟的雇员覆盖率明显下降，削弱了蓝领工会联盟的力量和影响力，雇员覆盖率上升的白领工会联盟又是相对中立的阶级组织，瑞典工会运动也发生了衰落。此外，对劳资关系演变进程中国家行动的分析表明，不同国家采取的程度不一的新自由主义实践也促进了劳资力量平衡向资方倾斜。因此，尽管程度不同，但三个国家的劳资力量平衡却越来越有利于资本。

至于劳资关系系统的变化，如今美国劳资关系体系普遍放松管制，伴随着工会覆盖率的迅速下降，集体谈判体系萎缩严重；工会代表这种劳动力管理实践也不断萎缩，作为稳定劳动力的管理方控制方案，人力资源管理展现出绝对优势，取代了工会代表，恢复了管理的单边主义。德国在20世纪70年代进一步通过立法完善了工作场所共决制，拓展了共决事项的范围，也扩大了工会在工作场所的权利（尽管工会和工作委员会在形式上还是相互独立）。但是经历20世纪70年代的高峰时期，德国社会伙伴关系从20世纪80年代开始衰落。如今，德国产业集体谈判形式依然保持完整，由工会和雇主协会进行产业层面的集体谈判，不过最终的决定权分散到企业层面，因为中小型雇主不断退出雇主协会，集体谈判的雇员覆盖率不断下降；关于工作场所共决的法律依然完好，但是工作委员会员工覆盖率下降，工作委员会中工会成员比重下降，与工会的非正式联系疏远，也由一种员工发声机制慢慢变成旨在获得效率的企业共同管理机制。如今瑞典高度集中的集体谈判体系下放到产业层面，最终发展成多产业协调的集体谈判体系，政府又引入了协调机制以调解产业协议。20世纪70年代，瑞典工会大力推动工作场所民主，并和社会民主党推进瑞典的工作场所共决法，工会获准在工作场所代表雇员参与共决，20世纪90年代形成了瑞典特色的人力资源管理实践：“合作劳动者”。“合作劳动者”在瑞典零售业等低薪部门也得到了推进。在严格意义上，“合作劳动者”也是管理方控制的方案，但是通过一些微观组织创新对管理层的单边主义施加了约束，瑞典普遍且强大的工会以及劳资合作的传统也为“合作劳动者”提供了制度支撑。

美国由竞争性劳动力市场决定劳动力商品的价格和管理方控制的人力资源管理形成了互补结构。在资本主义多样性理论中这被称之为自由市场经济的制度互补性，在另一些理论中被视为“最优均衡”的表现。但是对美国劳资关系演变三个主题的考察表明，这种制度互补性或“最优均衡”的达成并不仅仅凭借“自生自发的”力量。里根总统利用国家的力量打击劳工运动，克林顿推行积极的劳动力市场政策，扩张了低薪劳动力市场，国家政治十分积极地推动了这一进程。而最终按照新自由主义规划达成的自由市场“均衡”（普遍放松管制）是资本对劳动的强支配。在德国，传统产业集体谈判和工作场所共决形成的互补结构被称之为“自组织治理”的典范，但其实质遭受了侵蚀，与制度形式的完整形成了比较鲜明的对比，说明在资本主义生产方式下，所谓的社会伙伴关系依然面临失败的风险。自20世纪80年代德国传统劳资关系开始放松管制的进程中，政府对利益集团的互动很少干预，但是也没有尝试修补传统由产业层面主导的劳资协调系统。在瑞典，工会联合起来阻止了集体谈判从产业层面进一步下放到企业层面，最终集体谈判得以稳定在多产业协调的层面，积极致力于恢复劳资协调稳定性的社民党引入的国家调解机制在一定程度上又恢复了瑞典劳资集体谈判的集中程度；基层工会在工作场所的权利也得到了进一步的发展。如今瑞典劳资关系系统的特征是多产业协调的工资协商和工作场所的“合作劳动者”管理，普遍的工会体系在维持二者的稳定上发挥了支柱性作用，而政府凭借其具有强制性的地位，刺激了经济体系中劳资协调的集中度、稳定性和普遍性。

总体而言，对三个国家劳资力量对比的动态以及劳资关系系统变化的分析表明，美国、德国、瑞典三国都表现出了劳资力量平衡向资本倾斜以及劳资关系放松管制，但是德国和瑞典并没有都走向普遍放松管制，也没有和美国同质化，综合宏观层面集体谈判安排和工作场所劳动力管理实践的变化，与20世纪70年代之前相比，三个国家劳资关系系统的差异变大了。更进一步，劳资力量平衡变化的具体表现在很大程度上“塑造”了劳资关系放松管制的表现。三个国家工会模式以及工会衰退表现的显著不同是三国劳资关系系统现阶段差异扩大而不是缩小的重要原因之一，此外，国家行为的显著差异也是推动不同国家劳资关系系统性差异扩大的关键性因素。

本书是在笔者的博士论文的基础上完成的。由于笔者水平有限，有些问题思考得可能还不成熟。在书稿定稿阶段，用一年后的眼光看待一年前的作品时，愈发觉得很多地方仍然需要进一步完善。真诚欢迎来自读者的任何评论、建议和意见交流。

郭玲玲

2020 年 10 月于济南

目　录

第1章　导论 …… 1

1.1　问题的提出与意义 …… 1
1.2　相关文献综述 …… 5
1.3　劳资关系的马克思主义分析视角 …… 11
1.4　研究方法 …… 21
1.5　章节安排 …… 24
1.6　可能的创新点 …… 24

第2章　比较分析的具体框架 …… 26

2.1　积累视角下劳资力量对比的变化 …… 26
2.2　资本主义多样性框架中的三方互动 …… 35

第3章　美国劳资关系的演变 …… 37

3.1　20世纪70年代前劳资关系的发展和主要制度特征 …… 37
3.2　20世纪70年代后劳资关系的演变 …… 47
3.3　小结 …… 60

第4章　德国劳资关系的演变 …… 62

4.1　20世纪70年代前劳资关系的发展和主要制度特征 …… 62
4.2　20世纪70年代后劳资关系的演变 …… 74
4.3　小结 …… 91

第5章　瑞典劳资关系的演变 …………………………………… 95

5.1　20世纪70年代前劳资关系的发展和主要制度特征 ……… 95
5.2　20世纪70年代后劳资关系的演变 ……………………… 102
5.3　小结 ……………………………………………………… 120

第6章　美国、德国和瑞典的比较 ……………………………… 122

6.1　劳资关系演变相似的表现 ……………………………… 122
6.2　劳资关系系统之间扩大的差异 ………………………… 126
6.3　劳资关系系统的定量比较 ……………………………… 130

第7章　结论 ……………………………………………………… 133

参考文献 ………………………………………………………… 137

第1章 导　论

1.1 问题的提出与意义

20世纪70年代前后，发达资本主义世界发生了巨大变化。1971年，布雷顿森林体系解体。1979年，撒切尔夫人出任英国首相。1980年，共和党人里根赢得了美国大选。在社会民主主义国家瑞典，社会民主党输掉了1976年大选。20世纪60年代末期开始，利润率就开始下降，积累恶化，以稳定的雇用劳动为纽带的积累体制开始显露出危机征兆，20世纪70年代的石油价格暴涨更是加速了积累的恶化趋势。面对衰退、失业、通货膨胀这些经济病症，凯恩斯主义危机管理失去效用。同样发生的还有国家财政危机。无论是平等主义的福利模式（如瑞典），还是补余式的福利形式（如美国），都建立在税收之上。危机增加了福利需求，却减少了财政收入，这一时期，赤字增加并被归咎于过重的社会支出负担。赤字危机只是国家财政危机的一面，高税收日益引发民众反感，政府债务因通货膨胀贬值，国家财政也面临着税收和信用系统的合法性[①]危机。图1－1、图1－2、图1－3是几个发达国家自20世纪70年代的经济表现。从这些数据能窥测到20世纪70年代以及之后的一些变化：图1－1描述的是就业表现，美国失业率数据的上升持续到20世纪80年代早期，随后失业率下降，而欧洲国家的失业率上升一直持续到20世纪90年代中期，尽管数据表明20世纪90年代后期就

① 本书中使用的合法性，其英文对应是“legitimacy”，有时也被翻译成正当性。

业形势普遍开始好转，但是却难以回归到 20 世纪 60 年代的低失业率；图 1 – 2 描绘的是通货膨胀率，与失业率数据结合，刻画了 20 世纪 70 年代的滞胀；图 1 – 3 是财政赤字，刻画了危机时期财政收支的恶化，赤字累积起来是日益膨胀的公共债务。

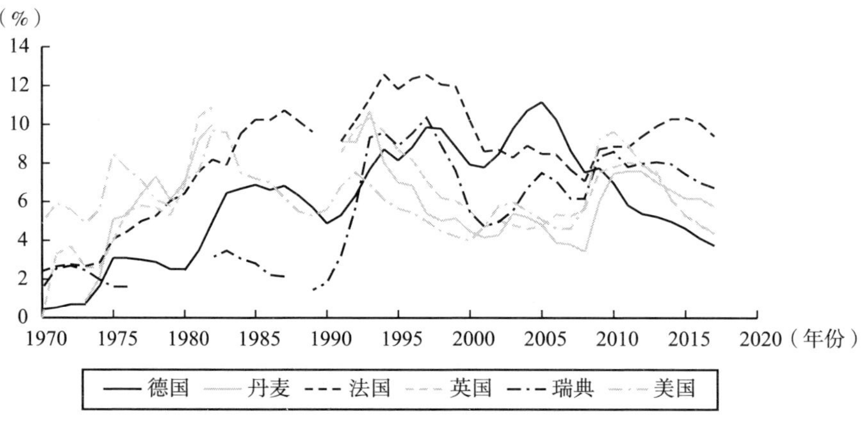

图 1 – 1　部分发达国家的失业率（1970～2017 年）

资料来源：世界银行和 OECD，因为无法从单一数据库中找到完整的失业率数据，以世界银行的数据库为基准，OECD 数据库为补充。

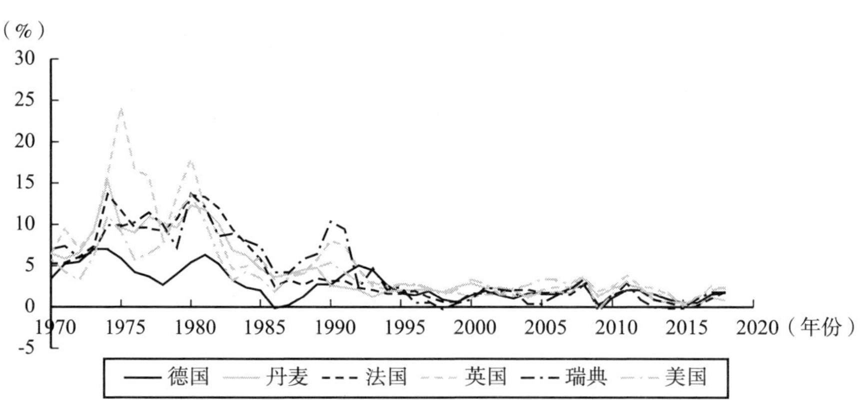

图 1 – 2　部分发达国家的通货膨胀率（1970～2018 年）

资料来源：世界银行数据库。

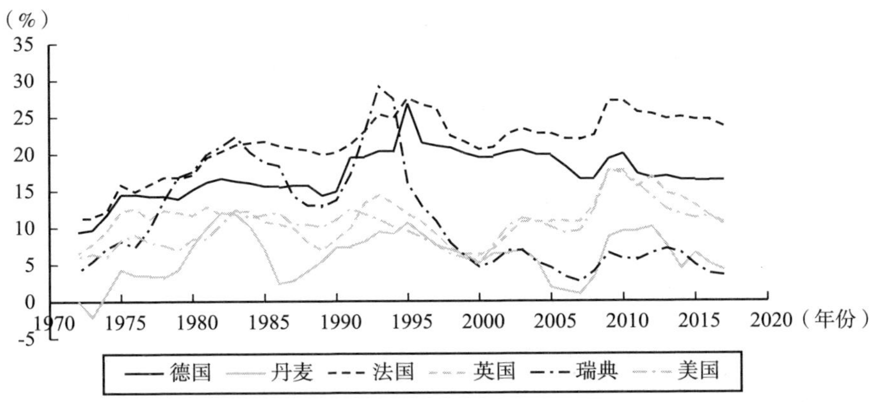

图1-3 部分发达国家的年度财政赤字(1972~2017年)

资料来源:世界银行,使用财政支出年度数据减去税收数据而得。

20世纪70年代"带来"的改变影响足够深远。根据奥菲(Offe,1981)的观察,20世纪70年代剧烈的经济衰退复兴了自由主义经济和政治思想,在资本主义国家,曾用来维持积累秩序的福利国家和凯恩斯主义原则成为政治冲突的源泉,不仅受到右派的攻击,[①] 也因为事后干预的无效力和无效率,官僚主义,以及对资本主义本质的粉饰破坏了工人阶级的意识、组织和斗争而受到左派攻击。标记这一转折点以及之后政治经济进程的关键,也就是著名的"新自由主义"。参考一些文献展示"新自由主义"到底意味着什么是有必要的,如马奇(Mudge,2008)总结出"新自由主义"的三重表现,分别是知识体系上强调纯粹(非嵌入)的市场是人类自由的来源和仲裁者,制度和政策上强调国家积极推进自由化、放松管制、私有化、去政治化以及货币主义,政治意识上强调以市场为中心的新政治,争夺政治权力的斗争有共同的意识形态核心,由一些毫无疑问的"常识"[②] 构成,国家的责任是尽可能释放市场力量,并应对通过政治进行决策的范围施加严格限制,这三个方面的交叉和相互作用随之产生了多个"新自由主义"。马奇(2008)

① 这些攻击包括:其一,福利国家机构对资本强加的管理和税收抑制了投资的动力;其二,福利国家支持的工人诉求和工会,抑制了工人进行工作的动力和效率(Offe,1981)。

② "常识"(common sense)这一概念来自葛兰西,是"普遍持有的意见",常识是赞同的基础,常识不同于"判断力"(good sense),常识有可能凭借文化偏见而极大地歪曲、模糊或掩盖真实问题(葛兰西,2008)。

的归纳可能“太过于”从政治出发，斯特里克和西伦（Streeck & Thelen，2005）则对发达资本主义国家的“自由化”提供了一个从经济出发的界定。在他们看来，“自由化”可以描述成面对不断增长的内外部市场压力，发达资本主义经济体不可避免的经济调整，或者是企业面对20世纪70年代早期的劳工运动高峰，通过全球化使自身摆脱利润挤压困境的策略（Streeck & Thelen，2005）。

以上的描述和一些重要引用表明，从广义的角度看，自20世纪70年代以来，左右发达资本主义国家政治经济历程的潜在力量表现出明显的共性，而具体的表现可能又千差万别，因而为比较跨国研究提供了相似的政治经济背景以及丰富的素材。在这一历程中，作为发达资本主义经济体系核心的劳资关系明显经历着重大变化。如果技术和新自由主义意识形态是决定意义的，可以推测，不同发达资本主义国家的劳资关系系统最终普遍放松管制；然而，并没有迹象表明，不同发达资本主义经济体的劳资关系系统均让位于普遍放松管制的模式。

由此导向本书的核心问题，笔者试图分析自20世纪70年代新自由主义兴起以来，不同发达资本主义国家劳资关系的演变，以阐释它们之间的相似和差异。本书择取了三个有代表性的国家对象，分别是作为自由市场经济代表的美国，协调市场经济代表的德国和瑞典。德国和瑞典也存在很大不同，前者以部门、产业层面的协调为主，后者则是国家层面的协调（安德森，1990；吕守军，2010；Kitschelt et al.，1999；Hall & Soskice，2001）。大体来看，作为新自由主义的发源地，美国是劳资关系迅速去管制的典范，而在社会民主主义国家瑞典，劳资谈判机制还保持较高的黏性和集中度，另一个具有社会民主主义传统的国家德国，看似处于两者之间。

对发达资本主义经济体劳资关系演变的判断，趋同论占据了主流，认为全球市场的推进使得各国劳资关系系统最终趋同于普遍放松管制，也越来越同质化。本书认为这种认识高估了理论的确定性和预测能力，从而忽视了对劳资关系演变经验现象的关注。在放松管制的背景下，不同发达资本主义经济体劳资关系的演变是多样的和有差异的，不同资本主义国家不同的劳资关系演变路径可能导向各国劳资关系系统差异扩大而不是缩小。既考虑到放松管制的趋势又考虑到劳资关系演变多样性的视角是劳资关系的马克思主义分析，因此，本书在马克思主义视角下分析20世纪70年代以来发达资本主义国家劳资关系的演变。如果单单从现实意义上看，对发达资本主义经济体劳资关系演变的比较分析，有助于加深对不同资本主义经济体的认识，从而深化对当代资本主义发展的剖析。

1.2　相关文献综述

在这一部分，首先对相关研究文献进行简要梳理，得出劳资关系研究的基本理论和一些经验发现，其次对研究文献进行批判性评述。与多数社会科学研究的发展轨迹类似，劳资关系研究的基本概念工具主要源自早期研究。最近几十年的研究主要关注经验描述，放弃了追求宏大的抽象理论，提出的因果机制往往解释力有限。

1.2.1　劳资关系研究文献的梳理

在劳资关系研究领域，英国的社会活动家及学者韦伯夫妇（Sidney and Beatrice Webb）、美国制度理论学者康芒斯（John R. Commons）以及德国历史学派学者布伦塔诺（Lujo Brentano）的相关研究奠定了学科基础（考夫曼，2013）。他们的研究和政策立场折中了新古典劳动经济学以及马克思主义经济学（和社会学），反映了19世纪末20世纪初资本主义国家激烈的劳资冲突，同时把劳工问题置于资本主义研究的重要位置上（考夫曼，2013）。20世纪五六十年代，邓洛普（Dunlop，John T.）和牛津学派发展了劳资关系研究，并把规则和规范置于劳资关系研究框架的中心，从而使劳资关系（或劳动关系）成为社会科学的一个专业。在他们的模型中，尽管着眼点不同（在邓洛普那里是行为人、技术、市场、权力以及意识形态，在牛津学派那里被化约为集体谈判或者是通过集体谈判解决的争议和冲突），但是结果是相似的，即规则（吴清军，2015a）。规范或者说制度如此重要，以至于在他们的继承者那里，劳资关系研究等价于工会和集体谈判制度的研究。有些研究结论还表现出意识形态说教特征，如科尔等（Kerr et al.，1960）认为不同国家的劳资关系系统最终趋向于美国的“多元产业主义”，这个所谓的

“多元产业主义”有三个必备要素：第一，界定了工人、经理和国家的权力和责任以及他们之间的权力关系；第二，建立了工人和经理的桥梁机制以解决冲突；第三，建立了管理工作场所和工作社区的实质性和程序性规则网络。至于如何实现所谓的多元产业主义，他们的潜台词是应该采取美国的社会和政治制度。

根据对雇用组织本质不同的认识，萨拉蒙（Salamon，1998）把劳资关系研究划分为三种范式并归纳出三种范式的根本主张，分别是：其一，一元主义，持有人力资源管理的视角，认为资本主义组织中的成员共享相同的利益、价值和目标，由单一的权威—忠诚结构进行规范，冲突根源于一些非理性的因素，如成员个性不和，沟通不畅和理解不到位等，因而冲突是成员之间的摩擦导致，而不是系统潜在的特征，依靠权威和强制就可以解决冲突，而工会被视为与管理阶层竞夺管理权的外部入侵势力；其二，多元主义分析，假设劳资关系所嵌入的后资本主义社会中权力平等分配，肯定了不同组织之间存在不同的利益、目标，但是凭借可行的合作结构和制度安排，冲突和不同的要求是可管理的，工会作为雇员表达自身利益和影响力的正式组织，合法性得到承认，是产业组织和管理中的重要参与者，政府被置于中立的位置上，应尽量少干预劳资双方的协商；其三，马克思主义的分析，认为经济权力的分配不平等且不均衡，劳工（劳动力商品的卖方）和资本（劳动力商品的买方）之间是不平等关系，劳资冲突是本质上的，集体谈判只能提供有限、暂时的调和作用，在政治层面上，法律支持雇主的利益，并不是中立的仲裁者。按照这个划分，邓洛普、牛津学派和科尔等的研究被归为多元主义分析范式。在该领域的学者看来，多元主义则被视为主流研究视角（吴清军，2015b）。

自20世纪80年代以来，劳资关系研究呈现颓势。比较有代表性的理论是劳资关系的“策略选择理论”和“平衡理论”，这两个理论都是基于对美国劳资关系的观察（此时美国集体谈判等制度安排的衰退比较严重），在它们的理论中，工会和集体谈判制度不再是分析焦点。在“策略选择模型”中，寇肯等（1986）认为雇主是劳资关系分析的中心，雇主的管理策略和价值观发挥了根本性的作用，而工会和政府政策的改革步伐慢于雇主，被视为外生因素，制约和影响了雇主的决策。在“平衡理论”中，巴德（2004）提出了三个劳资关系的社会目标，分别是效率、公平和发言权，对这三个目标的平衡规定了雇用关系的形式，实现最优均衡的是人性化雇用关系。

除了寇肯等（1986）和巴德（2004）等两个有代表性的理论，多数劳资关系研究偏重于叙述，堆积了大量的经验和事实。美国作为劳资关系研究的重要对象，积累了相当多的经验材料。美国是雇用形式高度多样化的典型和工人阶级组织碎片化的典型（卡茨和柯文，2016）。对美国工会运动发展历程的研究则表明，自20世纪70年代以来，美国工会运动经历了显著的衰退，原因有人口因素、资本的地理转移、产业转型、全球化和新自由主义、国家和法律对工会化的制约、雇主对工会化的敌视和攻击、工会自身领导能力的滑坡以及对工人的吸引力下降（Cornfield，1991；Clawson & Clawson，1999）。也有研究从制度主义的视角解释美国劳工运动的发展，如戈达尔德（Godard，2009）指出，国家建立时的条件和传统嵌入国家制度规范中，这些规范塑造了国家的制度环境和发展轨迹，从而决定了劳工运动的发展方向和未来，具体到美国，其建国条件①导致了“劳工运动偏见”的产生，这种偏见不仅反映在强大的雇主对工会始终持有敌意上，也反映在工会缺少制度合法性的狭隘的经济主义形式上，以及无效的劳动法制度上。人们普遍持有的认知是美国基本上不可能有强大的工会，偏见影响了各组织调动资源的相对能力，这就解释了美国劳工运动的现状和发展（Godard，2009）。

对德国的劳资关系的研究，把德国的资本家与工人的关系描述为高度协调的劳动关系的范例，组织良好的工会和雇主组织形成了“合作型”的社会伙伴关系（科勒和科斯齐，2016）。但是，斯特里克和哈塞尔（Streeck & Hassel，2003）指出，德国社会伙伴关系实现“劳资共赢”依赖于一系列双方无法控制的因素，其中最主要的因素是世界市场对德国产品的强劲需求，在20世纪70年代末期，当市场优势开始慢慢消失，德国的社会伙伴计划走向失衡。在问题重重的20世纪80年代和90年代，弱小的德国政府不能够也不愿意重组劳动市场，通过大规模

---

① 美国建国的历史特征包括：第一，个人主义的历史，个人财富和消费是美国人自我价值的主要特征，美国广阔的疆域和不断扩张的市场为所有公民的成功提供了无限的机会，鼓励了个人主义；第二，美国逐渐形成了一套强有力的、洛克式的规范，用以规范财产的神圣性和由财产衍生出的个人财产的神圣性，因此，雇主的财产权和资本的支配地位特别强大；第三，在政治领域，美国的特点是民主规范的形式化，并且对中央集权极度不信任；第二和第三表明了美国政治的形式平等和经济自由之间存在巨大鸿沟（Godard，2009）。

提前退休和提高劳动力市场灵活性的政策来维持生产效率和解决大规模失业，结果一方面是需要为更多的退休人员买单，另一方面则是工会率下降，工会和共同决策不断萎缩到核心的高生产率部门，政府又需担负“外部人”的生计，引发了高昂的政府赤字和债务（Streeck & Hassel，2003）。西伦（Thelen，2003）则强调德国劳资关系变迁表现出独特的政治经济逻辑，全球化带来了德国传统劳资关系协调的混乱，在几轮劳资集体谈判中，工会赢得了对越来越无组织的雇主的胜利，但是工会胜利并没有支持德国传统上以雇主协会为核心的产业级劳资协调系统，反而带来不稳定。在西伦（2003）看来，全球化一方面使得德国个体生产嵌入全球分工中，提高了劳资冲突的成本，增加了个体公司相对于罢工的脆弱性，她以此解释了几个具体案例中，尤其是在工会化程度高的企业中，德国工会胜过雇主的例子；另一方面使得德国雇主的利益日益分歧，分歧增多的雇主逐渐从雇主协会中退出，协会覆盖率下降，因此集体合同的覆盖面不断缩小，削弱了德国的劳工运动。

另一个协调市场经济国家瑞典形成了高度集中化的劳资关系系统（Thelen & Kume，2006），也吸引了大量的经验研究。对于瑞典等北欧模式的形成，斯文松（Swenson，1991）指出跨阶级联盟推进了中央协调机制的形成，工人阶级内部和资本家阶级内部也存在分歧，工程等出口部门和面向国内市场的建筑部门之间的冲突促使瑞典的左派与占主导地位的工程雇主群体结成了默契的跨阶级联盟，以控制阶级内外部的反对者，促成了瑞典高度集中的劳资谈判机制，高度集中的模式压制了罢工，因此由罢工所引发的工作日损失显著减少，维持了正常的生产秩序，也推进了雇主利益。庞图松和斯文松（Pontusson & Swenson，1996）对瑞典劳动力市场治理动态的研究表明，瑞典中央集体谈判的衰落，根源于瑞典雇主发起的攻击，20 世纪 50 ~ 80 年代，劳动力市场从紧缺到疲软，出口导向的工程产业雇主的制度偏好发生了变化，从 20 世纪 50 年代需要中央集体谈判机制限制工资和约束罢工，到 20 世纪 80 年代需要工资灵活性应对技术变化和市场压力，他们采取了集体谈判分散化措施，以获得工资灵活性，最终 1991 年中央集体谈判体系终结。此外还有一些研究分析了跨国家劳资关系的发展，如格里尔和德尔加斯特（Greer & Doellgast，2017）的研究指出管理者和投资者寻求政治经济影响力的手段从发声转向退出（from voice to exit），而退出选择（exit option）的扩大，为欧洲劳资关系放松管制带来普遍压力。马丁和西伦（Martin & Thelen，2007）则调查了作为协调资本主义代表的丹麦和德国在全球化进程中劳资协调机制走向不同趋势的原因，丹麦依然维持了国家一级的协调，德国劳资协调的覆盖面则大幅缩小，他们认为造成差异的原因是丹麦的公共部门就业远远高于德国，支撑了劳资协调在全体就业部门的普遍性和稳定性。

1.2.2 简要评述

1.2.1 节对劳资关系研究的梳理大概呈现了该领域的理论范式（主要是早期的研究）和几个发达资本主义国家劳资关系的特征和变迁（主要是当代研究）。大体上看，相较于一元主义，多元主义分析范式提供的基本主张和分析视角得到了更广泛的应用。不过，对美国、德国、瑞典三国劳资关系经验分析的梳理表明，基于当代资本主义国家劳资关系事实的研究，并没有一以贯之地坚持权力平等分配和利益共享的基本主张，这也说明多元主义分析范式在劳资关系研究领域可能并没有像劳动力市场模型在劳动经济学中一样稳定和坚固。

在新古典劳动经济学中，不仅仅只有完全竞争模型，学者们还开发了尽可能多的不完全市场模型来解释从完全竞争的视角看来是“异常”的现实世界（Manning，2003），更加巩固了竞争均衡模型的基础地位。在新古典经济学中，依赖于将劳工物化从而原子化的假设，这个劳动力市场模型不仅有效还公正。但是在劳资关系研究领域，虽然多元主义的研究范式有助于建立数理模型，具备某些形式上的优越性，但是它提供的基本主张或者说基本假设忽略了一些关于劳资关系的重要事实，对于这些事实的忽略，使人们无法恰当地、全面地理解现实世界的劳工问题和劳资关系，也无助于构建体现更多理论—经验一致性的因果机制。

对多元主义分析范式的重要批判来自马克思主义政治经济学。结合海曼（Hyman，1978）、科皮和沙莱夫（Korpi & Shalev，1979）的研究，以及最近几十年的经验研究，多元主义分析范式有五个主要缺陷：第一，权力平等分配的假设掩盖了劳动对资本的附属关系。第二，虽然多元主义分析承认了不同群体利益的多样性，但是认为这些利益基本上是和谐的，劳资双方符合更大的“公共”（public）利益约束，劳资冲突也就能够通过中立的制度和安排来解决，政府被置于中立的位置上，是裁决者。且不说多元主义分析范式并没有对“公共利益”提供清晰明确的解释，该范式的冲突和谐观也是从结果出发的逻辑构建。尽管最终结果大概率是不同利益群体的妥协和让步，但是这并不意味着解决过程和规则是包容的、无偏的，工人往往只有“尽早妥协”这一个选项，但资本家显然有更长的等待时间和更强的等待能力。第三，多元主义的结论强调劳资关系制度在解决产业冲突中的关键作用，并极力推崇政治民主和产业集体谈判，政府应尽量少干预劳资双方的“自愿安排”。多元主义分析对劳资关系制度形式的过度聚焦忽视了程序性原则和实质性结果之间的鸿沟，把劳资关系制度视为静态的、独立的变量的倾向，也导致该范式忽略了社会权力结构和它的变迁以及它们对劳资关系制度稳定性的影响。第四，多元主义分析范式对劳资关系中国家的角色和作用的认识也是不足的。国家被轻而易举地视为中立的裁决者，对政府持有想当然的“自由放任主义”立场，分析中也没有足够重视国家在控制和稳定劳资关系中的职能和作用。多元主义分析范式对“国家”的轻视可能源自该范式过于坚信资本主义经济社会的权力平等分配和利益和谐共享，发生在经济社会中的任何不和谐最终会通过自我维持的机制实现“帕累托改进”，国家自然也没有太多施展的余地。第五，对当代研究文献的梳理提供的事实充分表明，多元主义对不同资本主义国家劳资关系最终趋向于“多元产业主义”的预言是错误的。他们对美国20世纪五六十年代形成的“多元产业主义原则”的优越性和可持续性也有些过度自信。美国、德国、瑞典的劳资关系的变化动态差异很大，如果分歧多于趋同，多元主义的研究范式也就无法实现对不同演变路径的整合。

最近几十年的文献也提供了一些分析框架，例如“策略选择模型”和“平衡理论”，二者在基本假设上同多元主义范式有很多相似性，并且模型源自对美国劳资关系的观察，不适用于分析协调市场经济的劳资关系。大量的经验研究提供了丰富的事实和十分具体的分析框架，然而多聚焦于单一国家劳资关系的变迁历程，并没有试图拓展分析框架以适应劳资关系变迁的跨国比较研究。

基于以上的分析，比较研究不同发达资本主义国家劳资关系的演变，需要一种提供更多可能性和研究可行性的方案，多元主义分析范式并不能满足这种需要。马克思主义分析避免了多元主义分析范式的主要缺陷，提供了动态的分析结构，也能囊括对不同资本主义经济演变路径的分析，因此，本书尝试从马克思主义视角进入，以比较分析劳资关系的变迁。

1.3 劳资关系的马克思主义分析视角

基于对劳资关系研究多元主义分析范式的批判，这一节从马克思主义的分析视角理解劳资关系的基本要素。本节分为四部分：第一部分基于马克思对资本主义生产的分析，指出劳资关系本质上的不平等、对立和冲突；第二部分打破劳资关系多元主义分析范式对国家似是而非的认识，基于马克思主义国家理论，阐述作为劳资关系系统主体之一的国家或者说政府，在性质上是非中性的，倾向于资本，所谓的“最小干预”事实上有利于资本的支配地位；第三部分参考劳资关系研究马克思主义分析范式的代表人物海曼（1975）的研究，阐述马克思主义视角下劳资关系研究的对象；第四部分基于前三部分在概念上的界定，提出马克思主义视角下劳资关系国际比较分析的三个核心主题，明确在随后的经验描述中，需要具体描述哪些有关劳资关系的重要内容。

1.3.1 劳资关系的不平等、对立和冲突

与多元主义的假设不同，劳资关系应被界定为不平等、对立和冲突。这种界定可能忽视了劳资关系合作的一面，但是忽视劳资关系性质上的不平等，甚至出于某种意识形态的原因粉饰太平更不可取。掩盖或抹杀劳资之间的不平等，事实上也并没有导致最终缩小劳资差距的实践。最近几十年劳工运动的发展明显表现出衰落的趋势，尤其是美国，早已经偏离了“多元产业主义”。理论上把劳资关系界定为不平等和对立，也并不意味着现实世界中无法实现大多数情况下的稳定和合作，德国社民党学者迈尔（2010）就指出，广义上来看，共同体内所有被承认的成员可以围绕着潜在的、合法的、不平等的资源分配，进行协商并决定结果。也正是因为存在不平等导致的对立和冲突，才有必要进行协商。

作为社会学奠基人之一的马克斯·韦伯，通过形式与实质的二元论

阐明了资本主义形式上的平等掩盖了资本对劳工的强制。在韦伯（2011）看来，资本主义社会中，劳资契约自由和它所反映的平等是形式上的，寻找工作机会的人在决定劳动条件上并不具有“最起码的”自由，也并没有制度上的保证他能施加影响力，与之相对的是雇主可以根据自己的判断决定劳动条件，契约自由的结果是尽管没有超越法律限制，但是市场上的资源变成了“对他人权势的手段”。韦伯提供了一个出色的视角看待资本主义劳资关系形式平等与实质不平等的悖论，但是赖特（Wright，2003）鲜明地指出韦伯把“不平等”的历史变动的核心问题理解成不同维度的不平等理性化的程度，把剥削问题边缘化了，也就忽视了考察提取和控制剩余的中心机制。

不同于韦伯，在马克思看来，对“不平等”的认识源自他对经济系统剩余生产和榨取方式的考察。从马克思那里也就发现了对劳资关系不平等、对立和冲突的最有力论辩。劳资关系的不平等和对立是资本主义生产方式的自然属性，问题可能会改善，但不会消除。马克思指出，在市场上，即流通领域，货币占有者找到了独特的商品——劳动力，并按照等价交换的原则购买并支付工资，定价标准基于“维持劳动力占有者所必要的生活资料的价值”[①]；进入工厂之中，劳工和整个劳动过程随即进入了资本的管理控制之下，资本家控制并占有了工人的劳动和产品，生产出来的新产品的价值超出了为购买劳动力和生产资料所支付的价值，这些新产品最终又以商品的形式进入流通领域，并又依照等价交换售出，劳动力所生产的这部分超出资本家为购买劳动力所支付的价值，作为剩余价值被无偿占有。因此，对生产领域的分析揭示出体现在交换上的合法性掩盖了资本主义在生产上的剥削性。从资本生产剩余价值过程中得出，剩余始终被资本侵占是一种“自然状态”，劳资双方是剥削的关系，是隶属关系，是对立关系。

更进一步，在资本积累过程的分析中，马克思通过一个简单再生产模型，把资本（产权）对劳动的市场权利去合法性，正如哈维（2016b）所说，发起了对资本主义权利和产权概念的攻击。马克思揭示了在周而复始的生产中，资本家预付的资本终将被当作私人消费资金消耗掉（尚且不说这部分预付资本可能伴随着原始积累过程的非合法

① 资本论（第一卷）[M]. 北京：人民出版社，2004：199.

性)，任何预付资本都将转变为剩余价值。这些把剥削工人变成“理所当然”或“不可避免”的资本主义财产权，在资本主义世界中，显然获得了强有力的资本主义法律的捍卫。

借用资本扩大再生产模型，马克思又揭示了剩余价值的部分被用于扩大再生产，以期占有更多剩余价值的资本主义积累属性。在马克思看来，资本主义的精神本质是永不停歇地追求剩余，提高劳动生产力，对技术的狂热，是资本家试图占有更多剩余价值的方法之一[①]，社会生产力的发展又促使劳动对资本从“形式隶属”转变成“实质隶属”，一切生产技术的进步都表现为资本的生产力。生产力在资本主义生产关系下的提高引发了人口相对过剩，这些过剩人口绝对隶属于资本，转过来又成为资本积累的杠杆，随时准备着充当资本增殖的人力材料。这些产业后备军也扮演了资本主义的纪律性机制。受竞争机制驱使的工人阶级，一部分过度劳动，另一部分则被迫无事可做；反过来，正是因为存在一部分无事可做的群体，另一部分不得不过度劳动[②]。按照马克思对资本积累进程的动态分析，资本—劳动之间的对立以及后者对前者的隶属也重复且持续地再生产出来。并且，在一个纯粹的资本主义积累模型中，劳动对资本的隶属越来越被强化，而不是削弱。

劳动力的商品化，是资本主义生产方式的“自然要素”，不改变资本主义生产方式，摆脱劳动力的商品属性是不可能的。资本主义赋予了剥削合法性，工人只能靠出卖劳动力商品生存，难以逃避剥削和资本的支配，很多情形下也“同意”被资本支配，是一个制造“同意”[③] 的进程。在布若威（2019）看来，劳动过程中同意的基础是一些行动的组织，“这些组织仿佛为工人们呈现了真实的选择，但又明确地限定了这些选择应是什么”。在宏观层面上，“同意”实现的逻辑可参考奥菲和维森塔尔（Offe & Wiesenthal，1980）的认识：资本可以通过引入节约劳动的技术以减少对劳动的依赖，但是，劳工却无法使自身摆脱对资本

---

① 资本论（第一卷）［M］. 北京：人民出版社，2004：373.

② 资本论（第一卷）［M］. 北京：人民出版社，2004：733.

③ “制造同意”这个概念源自布若威（2019）对资本主义劳动过程的微观分析。在布若威（2019）看来，在竞争资本主义时期，资本主义劳动过程的类型是专制的工作组织，威压明显胜过了“同意”，而在垄断资本主义时期，资本主义劳动过程的类型是霸权的工作组织，“同意”（通过超额游戏、内部职业升迁、内部申诉、集体谈判机制）压倒了威压，工人在参与资本主义劳动过程中，生产出了工人对界定劳动规则的生产中的社会关系的默许和同意。

雇用意愿的依赖，这种不对称的依赖关系又约束工人以及集体组织必须更关心资本家的福利和繁荣，而不是相反地关心工人阶级的福利。

不过，现实中的确存在各种机制阻止资本对工人的无限制的剥削。在理想状态下，工人阶级的团结一致能够对抗甚至推翻资本主义生产方式的统治。但是，在发达资本主义国家，按生产结构划分的整个工人阶级往往不能实现真正的团结统一。在多数情况下，工人和工会成员总是倾向于关注与他们自身相关的很小范围内的利益，而不是“团结一致”的阶级利益。工人对自己的第一认知是某一具体公司的雇员、某一具体的职业身份，或某一产业的从业人员，与资本主义“分工体系”中十分具体的元素相关，而不是与资本相对立的整个工人阶级相关。工人组织即工会的形成主要基于职业上的共同身份和局部的共同利益，因而形成的政治性力量十分有限。因此，资本主义生产方式下的工会并不能改变劳资关系本质上的不平等，工会这一机制也无法支持劳资关系多元主义分析范式权力资源平等分配的假设。在资本积极构建全球自由市场的进程中，尽管雇用劳动者阶级从没有像现在这样普遍，但是阶级内部的异质性和利益冲突反而越来越凸显，一方面是数量相对萎缩的核心工人，由核心工会组织，另一方面是不断增加的、技能退化的边缘工人，缺少工会组织，与资本相抗衡的有组织劳工力量走向衰落。而自新自由主义兴起之后，工人群体社会身份的失落和内部差别加深不仅是经济上的，还是政治和文化上（莫热，2009），竞争性个人主义极大侵蚀了集体代表意识，工人丧失了博爱精神（德布齐，2009），进一步拉低了工人的社会地位，加剧了权力资源分配的不均衡。在资本主义生产方式下，像工会运动这一阻止资本对工人无限制剥削的支柱性机制并不是一劳永逸的。

虽然一般来说，发达资本主义国家的工人缺乏整体上的自觉阶级意识，但资产阶级与无产阶级的对立，是客观存在的，是资本主义固有的基础性的社会结构。资本对工人的支配地位和利益对立，在具体的劳动过程中，工人也能够清楚地感知到。因此，离开对资本决定性角色的强调，从契约论的平等权利出发对劳资关系的认识是残缺的、扭曲的，像劳资关系多元主义分析范式那样假设后资本主义社会中权力资源平等分配并不谨慎，只有马克思主义的视角才可以提供切中劳资关系本质的严谨的解释。

1.3.2 资本主义国家的非中性

同经济社会权力平等分配的假设相一致，劳资关系多元主义分析范式把国家当成中立的仲裁者，强调国家应尽量少干预劳资双方达成的“自愿方案”，对政府持有“自由放任主义”的立场，不重视国家在控制和稳定劳资关系中的职能和作用。并且，劳资关系的多元主义分析范式将国家视为中立裁决者和“自由放任主义”立场之间的关联性实在匪夷所思，“自由放任主义”根源于对国家政治的极度不信任，而视国家为中立裁决者又体现了对国家的充分信任。

这样看，“自由放任主义”的意识形态被多元主义分析范式过于想当然地贯彻于劳资关系的研究。认为“不干预”或者说“较少干预”的资本主义国家就能够保证最大程度的个人自由与权利的观点，可能更多源自经济学领域的研究，而不是国家理论领域的研究。也就是说，并没有太多有力的理论来源支持“最小干预”政府的合法性。“最小干预”确确实实比“过度干预”“专制”听起来更容易被接受，应对政治范围施加严格约束，以防止对个体自由和权利造成破坏，在“最小干预原则”的约束下，政治权力没有多少可施展的平台，也省去了对政治权力进行制衡的成本。但是遗憾的是，自由市场的理想或者说政府作为“守夜人”的志向反而通过“政治权力”得到推进，持“最小干预”的知识分子似乎并没有对类似的积极干预行为表达什么不满。①

更进一步，“不干预”或者说“较少干预”可能只具有修辞上的优势，这些词汇在当今已丧失了知识上的优势：如今国家作为垄断暴力与强制的机构，它所拥有的基础性权力②并不能够凌驾于社会之上（霍尔和艾坎伯雷，2007），而资本主义社会公民权利的形式要素也越来越完备；至于对国家干预能力有限的担忧，这其实是另一个问题。被用来支撑新自由主义“最小政府”立场的经验事实——始于20世纪60年代末期的经济失衡——并不是因为国家干预太多管理不善，而应归因于资本主义经济和资本主义社会之间的冲突和紧张（Streeck，2012）。“最小

① 事实上，国家积极推进自由化构成了新自由主义政治经济实践的一部分。

② 基础性权力的概念来自曼（Mann，1984），被他定义成“国家实质上渗透公民社会的能力，以及在公民社会中合理地推行政治决定的能力”。

干预”构不成政府干预能力有限的必要条件，国家管理能力有限的根本原因在于资本主义本身的危机属性，也就是说，作为治理对象的资本主义的不可治理性。单凭市场治理不能解决资本主义的失败属性，因为不能通过一个本身就会失败的机制来治理自身，并且新自由主义政治经济实践所带来的市场无为而治的历史现实是由政治和经济权力的综合体而不是自由平等的市场乌托邦进行治理，虽然国家主义理论①同自由主义经济学渊源颇深，国家中心论者波齐（1989）就明确反对国家退却和精简，不仅因为难以找到替代国家的工具，还因为政治权力退却后留下的社会真空马上会被其他权力填充。

在最小干预政府上的常识性迷恋忽视了对国家本质的认识，国家这个“暴力工具”远非一种中立的、独立的装置，国家是资本主义国家，发生在资本主义经济体系中的是劳资不对等权力的施行，“最小干预”默认了资本的支配地位，随之，最少干预的原则不能像多元主义分析范式认为的那样保证国家在劳资关系问题上的中立。

放弃中立国家的假象似乎更有助于接近国家在劳资关系中的真实角色和作用。马克思主义国家理论对资本主义国家性质上的非中性提供了简洁有力的解释，也提供了理解国家行为更具一致性的线索。马克思主义国家理论兴盛于20世纪70年代，并留下了珍贵的思考，正如杰索普（Jessop，1977）指出，马克思主义国家理论一方面，确立了资本主义是社会生产组织的一种具体模式，具有明确的历史先决条件和发展形式，并且随着资本主义的变化和发展，国家制度结构和干预方式必须发生变化，避开了单纯的决定论推论以及历史终结论；另一方面，经济国家机构及其干预手段不是中性的，而是被整合进资本运动之中以及成为不同利益之间冲突的场所。不过，最近30年，关于当代资本主义国家和权力的争辩中，马克思主义学者长期扮演着被压制的角色，杰索普是近乎唯一的例外（哈维，1999）。

国家不是中性的，更进一步，资本主义国家在性质上是“资本主

① “以国家为中心”的国家主义理论和自由主义关系密切，简而言之，该理论主张国家的自主性，独立自主地追求自身独特的利益（Jessop，2002）。对国家中心论不乏有力的批判，其中最重要的批判是这种通过分析精英的政治冲突来解释国家决定的逻辑，并没有提供（或寻求）理解社会斗争对政治冲突的影响（Gordon，1990）；国家中心论通过将国家简化为一个主观决策系统规避了在国家和社会之间划定界限的难题，但是并没有解决如何处理国家和社会之间界限的难题（Mitchell，1991）。

义”的。国家和市场的的确确存在制度性分离，在资本家和国家之间存在明显的分工，资本家以资本积累为直接职能，而国家会在更大程度上考虑社会秩序的再生产，但是社会秩序的再生产并不能脱离资本积累，凭借着这种“结构上”的地位，资本对国家反资本家的政治和决策施加了“结构性否决权”（structural veto power），这种资本的结构性否决权决定了国家性质上的“资本主义”。更进一步，使用“商业信心”这一中间机制，布洛克（Block，1977）解释了资本的结构性否决权如何运行。在布洛克（1977）看来，商业信心是资本家对市场、一般政治/经济气候的评估，[①] 资本家据此决定投资水平，商业信心也遵循对“经济人”的界定，短视、自利、利润最大化，同时商业信心对经济运行来说十分关键，低迷引发经济衰退，进而又可能导致政治危机；尽管“短视”和“自利”往往以牺牲长期资本利益为代价，国家管理人（state manager）通常情况下不愿意损害资本家的商业信心，他们不会试图进行社会改革或试图扩大国家在经济中的作用，而只会制定政策，总体上支持资本积累。因此，具有“资本主义”性质的资本主义国家所实行的“自由放任主义”政策也就不可能是中性的，这些政策默认了经济系统中资本对劳动的剥削和强制，总体上也就支持了资本家阶级的利益。

在当代国家理论的争辩中占有一席之位的马克思主义国家理论学者杰索普（1990b）通过国家形式[②]和政治实践[③]的辩证法分析，得出国家具有资本主义属性的主张。一般说来，当代国家都具有资本主义国家的

① 例如，市场是否广阔？社会是不是稳定？工人阶级是不是受控制？税率是否上涨？政府机构是否干涉商业自由？经济会增长吗？（Block，1977）。

② 在制度结构上，一个典型的资本主义国家具备以下三个特征：国家与资本主义生产核心制度的分离，宪政垄断机构与资本主义生产核心的分离；对强制手段“宪法”的垄断；赋税国家和货币的角色以及法律和法理型官僚的角色。这些特征不仅与资本主义经济秩序相容，而且有潜在的支持作用，在这个意义上，国家可以在形式上被称为资本主义（Jessop，1990b）。

③ 但是资本主义国家的主要制度特征在逻辑上和历史上都不是积累发生的必要条件，它们的发展也不能实际上保证积累，国家权力政治实践上的资本主义程度在于国家权力在特定情况下创造、维持或恢复资本积累所需的条件，这些条件没有实现的程度，就是非资本主义的，这一观点把理论焦点从寻求确认国家机器及其职能在各方面必然是资本主义的，转移到关注特定条件下国家权力对积累的众多不同的偶然影响，然而国家促进资本积累的能力是有限的，不仅是因为经济因素本身产生资本主义周期性的危机，也有明显的政治原因（这些根植于国家的制度形式以及国家权力的争斗中）（Jessop，1990b）。

形式，国家在积累过程中的作用更应该被关注。[①] 在杰索普（2002）看来，一方面，保证资本自我增殖和劳动力再生产的条件都是虚拟商品[②]，资本主义也就不能完全依照自我扩张的商品化逻辑、通过价值形式再生产自身；另一方面，资本积累又依赖于对劳动力的剥削，尽管市场机制调节对剩余的搜寻并调整剩余在各个阶层之间的分配，但是却不能生产剩余（市场在本质上是完成对雇用劳动剥削的中介机制，并不创造价值），根植于市场机制扩张的商品化进程所产生的结构性矛盾又无法被市场机制解决，这些紧张和困境使得国家在资本积累进程中变得尤为重要。因此，在资本积累的进程中，国家扮演着不可替代的角色，国家事实上也确实积极推进资本积累。而国家所扮演的角色远非中立的。杰索普（2002）提到了两种具体的政体模式，一种是福特主义时期的凯恩斯福利民族国家（Keynesian Welfare National State，KWNS），另一种是在后福特主义时期不断成型的熊彼特工作福利制管理体制（Schumpeterian Workfare Postnational Regimes，SWPR），与 KWNS 相比，SWPR 表现出的倾向是社会政策日益附属于经济政策的需要，个人需求的福利日益让位于有利于企业的福利服务，这些经济政策包括促进劳动力市场灵活性和可雇性，提高国家竞争力，经济政策的影响范围已大幅扩大和深化，日益拓展到那些在福特主义时期主要被视为“经济外”的资本

① 杰索普（2001）曾高度评价了调节学派对国家理论的贡献以及自己研究的积极影响，启发了更深入和具体地分析政治体制如何塑造、维持以及削弱具体的积累体制和增长模式。

② 杰索普（Jessop，2002）指出：“虚拟商品”是具备商品形式，能够被购买和出售，但是并不是通过以利润为导向的劳动过程生产出来的东西，有四种虚拟商品：土地、劳动力、货币以及知识。土地包含所有的自然资源，未开发的土地和类似的资源不是作为商品由资本主义企业生产出来的，它们作为自然禀赋，被转化为利润——往往没有考虑到它们具体的再生产周期和总体的可再生性。知识是在不同时间跨度和不同背景下基于个体、组织和集体的学习产生的公共资源，知识本身并不稀缺，它是一种非竞争商品，只有当它被人为地变得稀缺，并且依靠支付（以版税、许可费等形式）才能获得一种商品形式。一方面，劳动力商品是通过非市场或者市场的制度和社会关系再生产出来，而不是通过利润最大化的劳动过程再生产出来，另一方面，作为劳动力使用价值表现的工作能力是人类的普遍能力，但只有工人被诱导或者强迫进入市场赚取报酬的情况下，才获得商品形式；货币是价值尺度、储存手段、支付手段（如税收、什一税和罚款），是经济交换的媒介（流通手段），当然，有些货币还承担世界货币的职能，无论是自然形式（例如，贝壳），商品形式（例如，贵金属）或信托形式（例如，纸币，电子货币），这种货币流通的货币体系不是（也不能是）一个纯粹的经济现象，纯粹为了利润生产和经营，因为货币履行其经济职能的能力，在很大程度上取决于经济以外的制度、制裁、个人和非个人的信任，就货币作为国家货币流通而言，国家在确保一个正式的理性的货币体系方面起着关键作用，相反，货币日益上升的流通性，对货币关系的重新调节造成了巨大威胁。

积累。与KWNS相比，SWPR模式表现出更明显的资产阶级倾向。

因此，资本主义国家在性质上是非中性的，国家机构及其干预手段也不是中性的和中立的，而一个被纳入资本积累进程的国家，或者说促进经济增长的国家，结构上决定了国家对资本支配地位的支持和默许，国家在劳工问题上的消极行为或者说“自由放任主义”有利于资本的支配地位。而在具体实践中，国家十分积极推进资本积累（尽管国家促进资本积累的能力有限），自新自由主义兴起以来，国家保证劳动力再生产的政策越来越附属于保证资本自我增殖的政策，表现出更明显的资产阶级倾向。

1.3.3 劳资关系研究的对象

以上的梳理指出了在劳资关系的马克思主义分析视角中，劳资关系被界定成不平等、对立和冲突的，资本主义国家在性质上是非中性的，国家的“最小干预”有利于资本的支配地位。而在劳资关系研究中，国家扮演的角色和所能发挥的职能也应该得到足够重视。借鉴劳资关系马克思主义分析范式的代表学者海曼（1975）的定义，本书认为劳资关系是对“工作关系控制过程”的研究。在这个定义之下，劳资关系研究不再局限于某种均衡分析，而是更关注过程分析，这里对劳资关系研究对象的界定其实就包含了对变化的分析，既能够用于研究演变和动态，也能够用来分析暂时实现的可以被视为均衡的稳定状态。在海曼（1975）看来，这个定义包含了三个方面的关注重点：第一，塑造雇主与工人以及双方组织之间关系特征的种种结构，这些结构包括经济结构、技术结构、权力与利益结构、政治动力结构、更广阔的社会结构；第二，关于集体工人组织和行动的问题，因为集体工人组织是与资方力量抗衡争取工作关系控制的重要力量；第三，永不停止的权力①斗争。突破了多元主义分析范式把研究对象局限于工作规则的限制，该定义以及这三个关注重点把更多的经验现象引入劳资关系的研究视野中，也就提供了更多的研究张力。

① 在海曼的研究中，“权力”是一个重要的术语。海曼（1975）把“权力”界定为“个人或者团体控制自身物质和社会环境的能力，以及作为过程的一部分，影响别人采取或者不采取某种决定的能力，这种能力主要建立在介入或支配物质或意识方面资源的基础上”。

1.3.4 劳资关系国际比较研究的核心主题

因为本书是对不同国家劳资关系演变的比较研究，考虑到研究的可行性，需要牺牲掉很多劳资关系的细节。基于以上在概念层面上对劳资关系的界定，尤其是基于海曼的定义和相关解释，本书的研究聚焦劳资关系的三个方面，具体分析则比较美国、德国、瑞典这三个方面的动态。第一，考察劳资关系的基本权力结构，即劳资双方力量对比的变化。劳资双方力量的对比潜在地决定了工作关系控制的平衡。资本的权力根源于对经济资源的所有权和控制权，考虑到资本的决定性角色，本书在积累的逻辑中理解劳资双方力量的变化。关于劳方力量，本书主要考察工人集体组织力量的变化。劳资相对力量受到国家职能和作用的影响，但是为了降低复杂性，在该基本权力结构中不涉及对国家职能和作用的分析。第二，考察宏观层面“工作关系控制过程”，即分析雇主和雇主组织，工人和工会（主要是工会）以及国家三者之间相互作用之下，宏观层面劳资关系制度安排的动态变化。这些安排主要包含对“劳动力商品”的价格或者说工资进行协调的机制，包括集体谈判，劳动力市场政策等。第三，考察微观层面“工作关系控制过程”，即发生在工作场所中劳动力管理实践的变化，也可以说是生产车间制度。参考魏勒（Weiler，2009）的研究，有关工作场所治理的可能方案有四种，即政府调节、管理方控制、工人控制①以及工会代表②。以上三个方面是有层次的，共同构成了研究劳资关系演变的集合。单纯考察第二和第三方面的内容看起来似乎与多元主义分析范式对工作规则的聚焦没有太大不同，但是本书不是均衡分析，同时加入第一方面的分析，显示了与多元主义分析范式的不同。在多元主义范式中，鲜少存在一个资方劳方权力不对称的结构，也只有从劳资关系不平等而不是平等“假设”出发才能导出对劳资力量对比变化的考察。以上这三个主题包含了资本主义生产矛盾的动态、分配过程和劳动过程中的物质利益对抗结构、旨在保证稳定劳资关系的制度以及组织不断生成的冲

① 从管理权的角度看，工人控制与管理方控制对立，各种各样的员工持股计划并不是工人控制，因为拥有金融股份并不等价于掌握工厂控制权，工人控制的例子有生产者合作组织。

② 一般来说，工会代表被视为在组织上独立于管理方。

突和失调。而这些恰好被整合进一个马克思主义的视角，实现了在“资本积累”和“阶级斗争”中理解劳资关系的演变。随后在第2章，本书进一步建立了一个具体的比较分析框架，以更全面和规范地描述和评估劳资力量对比的变化以及雇主和雇主组织、工人和工会和国家三者之间的相互作用。

1.4 研究方法

本书主要采用三种研究方法，分别是阶级分析、资本主义多样性方法、定量和案例分析。

1. 阶级分析

马克思主义视角下研究劳资关系演变，阶级分析法是重要的分析方法。阶级分析法是动态的分析法。在马克思的分析中，阶级结构在一定程度上是阶级斗争的基本决定因素，但是也允许其他因素解释阶级斗争的变化（Wright，1984）。图1－4是赖特（Wright，1984）设定的一个阶级分析的基本模型，简单呈现了阶级分析的主体结构。该结构囊括了阶段分析的重要因素。其中，阶级结构是由资本主义生产关系决定的劳—资结构，这个结构在阶级斗争中是根本性的，但不是绝对的，允许研究者结合其他变量对复杂的现实进行更具体的分析。

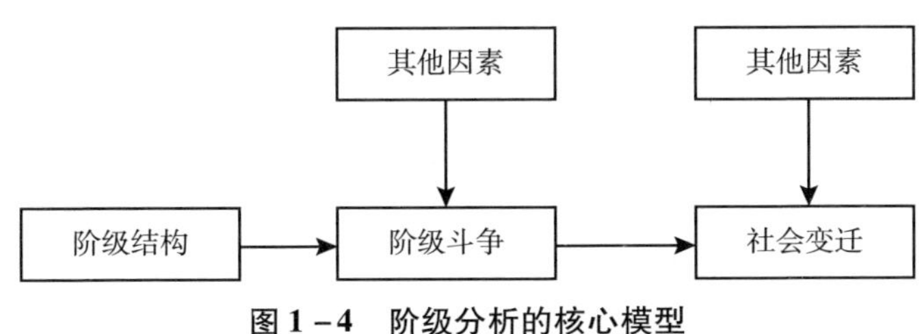

图1－4 阶级分析的核心模型

2. 资本主义多样性方法

资本主义多样性（varieties of capitalism）方法在劳资关系比较研究中的影响力越来越强（海耶斯等，2015；威尔斯等，2016；Thelen，

2001）。资本主义多样性方法是重要的资本主义比较研究的分析工具，是理解发达资本主义经济体制度相似性和差异性的重要方法。① 最典型的资本主义多样性方法由霍尔和索斯凯斯（Hall & Soskice，2001）提出，模型采取了企业视角，② 建立了比较完善的微观基础，比较清晰地说明了现实中存在不同的制度均衡模式，而不是只有一种自由市场均衡模式，并且这些均衡模式都产生了经济高绩效。典型资本主义多样性方法的重要意义就在于它不违背功能主义和效率主义，③ 强调了政治经济制度的多样性以及不同政治经济制度的比较优势，挑战了自由市场制度的唯一最优性。“资本主义多样性”这一概念及其背后的知识体系也就对“自由市场模型”的霸权发起了重要攻击。

在关于制度的认识上，资本主义多样性方法和其他制度主义理论共享一些洞见，但是这一方法实现了对这些洞见的集成，并放入了一个旨在分析政治经济制度差异性的思考范式中。在霍尔和索斯凯斯（2001）看来，自由市场经济和协调市场经济的企业战略存在系统性

---

① 资本主义多样性研究可以追溯到调节学派。调节学派开发了具体的概念和模型以理解“资本主义的历史特定功能”（Jessop，1990a；2001），调节学派的模型以生产为核心，更加关注企业行为，对积累体制特征的抽象以及建立的概念和模型在研究视角和方法上启发了资本主义多样性研究。霍尔和索斯凯斯（2001）也承认了调节学派对资本主义多样性理论或方法的正面影响。调节学派和资本主义多样性之间的关系表明，后者在很大程度上与本书的马克思主义视角是兼容的。

在杰索普（1990）看来，调节学派是宏大的研究计划，不仅包括法国的调节学派，还包括阿姆斯特丹学派、西德的调节主义、“北欧模式”团体，以及美国的激进主义。美国的分支在国内被称为积累的社会结构学派。

② 在资本主义多样性方法中，根据企业为获得核心竞争力在多大程度上开展协调（企业需要协调五个方面的内容，包括劳资关系、职业培训和教育、公司治理、企业与其他企业的关系、员工关系），区分出自由市场经济和协调市场经济两个类型（Hall & Soskice，2001）。自由市场经济类型的企业通过（内部的）等级制度和（外部的）竞争性市场安排来协调活动，企业建立了科层制以解决市场不能处理的问题，均衡的达成往往由竞争性市场的供需决定，并依赖于支持正式合同和相对完全契约的法律制度；尽管科层和市场也是协调市场经济系统的主要元素，但是协调市场经济中的企业更依赖于非市场关系来协调企业主体与其他相关者（Hall & Soskice，2001）。非市场的方式需要更多的合作关系，通过与其他利益相关者的策略互动以达成共同利益，这些支持协调的非市场关系也发挥了降低参与者有关他人行为的不确定性的作用，使得行为人做出可置信的承诺，这些支持协调的制度包括强大的工会、行业协会和雇主协会、合作性的法律制度或管制系统（Hall & Soskice，2001）。

③ 新古典经济学恰好是从功能主义和效率主义出发为“自由市场模型”建立规范性基础的。

差异，这种差异也就反映在不同国家、不同的核心制度集群上，包括集体谈判制度、金融制度、职业培训制度和福利国家制度等，进一步，政治经济制度的差异又和文化和历史的不同密切相关。这些制度不是单个企业创造出来的，制度的建立还涉及政府管制、政党和劳工组织联盟的作用（Hall & Soskice，2001），反映出一种阶级斗争的观点。霍尔和索斯凯斯（2001）还提出了制度互补性概念，一项制度的存在可以强化另一项制度的效力，同时形成了一种制度均衡趋势，维持着某一种市场经济模式的稳定性。这种制度上的互补性又加深了不同经济类型之间的差异。

但是典型的资本主义多样性方法偏重于解释制度的稳定性，雇主的决策受限于一系列制度集群的约束，企业面对压力时不会放弃原有的安排。该方法的初始版本忽视了政治经济制度正在发生的改变和变迁。对资本主义多样性研究的重要批判还有资本主义多样性理论未能分析资本主义本身，没有使用“资本”这一概念，不存在“资本家”，只存在“企业”，未能看到资本主义经济中的权力、政治、阶级以及不稳定和冲突（海耶斯等，2015；常庆欣，2016）。尽管如此，资本主义多样性的方法为研究劳资关系演变的跨国差异建立了比较框架基础，有助于区分不同发达资本主义国家不同的政治经济系统，进而基于差异性框架分析不同发达资本主义国家劳资关系的变化动态。最近的研究趋势也是拓展资本主义多样性分析以囊括对不同政治经济体制内部发生变化的分析（Hall & Thelen，2009；Thelen，2012）。

3. 定量分析和案例分析

本书提出的观点需要数据和事实支撑。定量分析和案例分析有助于更准确地描述三个国家劳资关系的演变，提高研究的可信度。综合来说，世界银行、经济合作与发展组织以及国际劳工组织有充分的劳工、就业和经济数据，发达经济体的数据相对来说较为完整，为定量分析提供了支撑。资本主义多样性、劳资关系本身是英语世界的热点，为案例搜寻提供了方便。尽管案例基本来自文献，而不是一手材料，本书对这些二手资料进行了再阐释。研究无法基于翔实的一手材料，这是国际比较这类研究不可避免的弱点。

1.5 章节安排

本书的章节安排如下：第 1 章为导论，主要目的是引出所要研究的问题和观点，对劳资关系非马克思主义研究范式进行批判性综述，在概念层面上阐释了如何在马克思主义的视角下理解劳资关系，并且提出劳资关系国际比较研究的三个核心主题。第 2 章制定了具体的分析框架，以更全面地描述和评估劳资力量对比的变化以及雇主和雇主组织、工人和工会和国家三者之间的相互作用，以规范对美国、德国和瑞典劳资关系演变的分析。第 3、4、5 章分别描述美国、德国、瑞典劳资关系的演变，在这几章里，同时需要对三个国家劳资关系的早期历史进行探寻，以呈现在 20 世纪 70 年代前的时间段里三个国家劳资关系的大致情况，随后则描述了自 20 世纪 70 年代三个国家劳资关系演变的具体历程。第 6 章则是横向比较分析，重新整合第 3、4、5 章的材料，总结出三个国家劳资关系系统演变的相似和差异，并且使用相关指标从数量上呈现出三个国家的不同。第 7 章是结论。

1.6 可能的创新点

大体上来看，本书可能提供了以下三个方面的创新：第一，在观点上，本书挑战了劳资关系演变趋同论。那些认为各国劳资关系日益趋同的见解，无论是早期部分多元主义劳资关系研究做出的各国劳资关系最终趋向于“多元产业主义”的判断，还是如今“自由市场”理论预测的普遍放松管制的趋同，都忽视了现实世界中不同资本主义经济体劳资关系演变的多样性和差异性。本书对美国、德国和瑞典三个发达资本主义经济体劳资关系演变的比较分析表明，自 20 世纪 70 年代新自由主义兴起以来，三个国家劳资关系放松管制的性质和程度是不同的，德国和瑞典并没有像美国一样普遍放松管制，三个国家劳资关系系统的差异变大了而不是缩小了。第二，在方法上，本书进一步拓展了资本主义多样性的分析框架。资本主义多样性方法是分析不同类型的政治经济体劳资关系差异的代表性方法，本书在该框架中引入了资本的动态，修正了资本主义多样性的静态分析以及对劳资关系系统“变化”过于保守的估计，放入了有关制度变化的内容，进一步拓展了资本主义多样性的分析框架。第三，基于马克思主义视角下分析资本主义劳资关系的概念基础，本书提出了劳资关系演变国际比较分析的核心主题（这三个核心主题包含资本—劳工力量对比的动态，雇主和雇主组织、工人和工会、国家相互作用下宏观层面劳资关系制度安排的动态变化以及工作场所劳动力管理实践的变化），并且为了与这三个核心主题相适应，本书建立了基于积累视角分析劳资力量对比变化的资本—工会框架和分析三方互动的资本主义多样性分析框架。

第2章　比较分析的具体框架

在导论部分，本书提出了劳资关系演变跨国比较分析的三个核心主题，分别是资本劳工力量对比的动态，劳资关系宏观层面制度安排的动态以及工作场所劳动力管理实践的变化。但是如何更有针对性地描述和比较这三个主题，需要一个具体的方案和一个规范性的框架，说明如何描述和评估劳资双方相对力量的变化，说明雇主和雇主组织、工人和工会、国家在政治互动中采取了哪些策略和行动，正是他们的政治互动引发了传统劳资关系宏观制度和组织的失调以及工作场所劳动力管理实践的改变，或者促进劳资关系恢复某种状态下的稳定性。因此，本章进一步解释了应该如何描述劳资力量对比的变化以及如何描述劳资关系三个主体的策略互动。对剩余（或者说利润）的竞争性追逐为资本主义提供了动力机制，马克思主义提供了“积累”视角以理解资本主义的动态，本书在积累视角下分析劳资力量对比的变化，而劳资关系三方的策略和行动通过资本主义多样性框架分析。

2.1　积累视角下劳资力量对比的变化

在资本主义生产方式下，劳动隶属于资本，按照统一的指标量化劳资双方的力量然后加以比较是没有多少合理性的。因为是对潜在的力量对比变化趋势的描述，不是为了寻求均衡解，不适合采用博弈论的方法。本书采取的方案是，如果一些事实表明资本的地位比20世纪70年代之前更有利，而劳工的力量相比20世纪70年代之前呈现出衰退的态势，那么就可以说劳资相对力量平衡发生了改变，优势越来越倾向于资本。

本节首先说明应该如何分析资本权力的相对变化，其次说明应该如何描述和分析工人力量的相对变化。在资本主义生产方式规定的复杂的政治经济生态中，谈论“劳方”的力量必须很谨慎。本书考察工会运动来展示劳方相对力量的变化。在劳资关系中，与资方力量抗衡争取工作关系控制，主要依赖组织性力量或者集体性力量，即使是罢工，大多数情况下也需要工会组织。然而仍需要强调的是，资本主义生产方式下，工会并不是纯粹独立的部门，应该从相对独立性的角度理解工会组织和工会的行动。工会受到资本主义的分工、工人在生产中的地位的影响，工会的发展也受到资本主义发展的影响，相对于资本的生产调整，工会的应对是迟滞的。不过，工会作为一种政治安排，拥有独立的行动，有潜力对劳资关系施加积极的控制。通过资本—工会①的框架以呈现劳资力量对比的变化具有较强的合理性。

2.1.1 描述资本权力的相对变化

资本的权力根源于对经济资源的所有权和控制权，希尔弗（2003）提供了很好的描述工具展示出资本为了使得力量对比更有利于自身采取的调整方式：①空间调整（spatial fix），即把生产转移到劳动力更为廉价和顺从的地区；②技术调整（technological fix），即改变生产组织或者引入劳动力节约技术；③产品调整（product fix），即进入到更高增加值的新生产领域；④金融调整（financial fix），即资本从贸易或生产领域完全退出，转移到金融和投机领域。这四种调整方式是资本一直采取的生产和金融调整策略，同资本在全球范围内掠夺剩余价值的行动取向是一致的，也是资本主义积累内在逻辑的体现。过去几十年资本一直在全球范围内进行着这些操作，依靠技术进步，不断上升的流动性更方便资本寻找到最有利于积累的劳动力商品、制度环境和法规条件，塑造更有利于资本的政治经济。这四种调整促成了生产方式的变革，转向弹性积

① 理论上，一个描述劳资力量对比动态变化的资本—工会框架应当考虑到四种情况，分别是：a. 资本权力上升，工会力量上升；b. 资本权力上升，工会力量下降；c. 资本权力下降，工会力量上升；d. 资本权力下降，工会力量下降。对这四种可能性的分析需要更多的篇幅展开，在此不做详细分析。自新自由主义兴起以来的经验事实符合第二种情形，因此本文只详细介绍了这一种情况。

累体制，以更有利于对剩余的掠夺。在弹性积累体制下，核心是产品多样化的范围经济以及依托于强大基础设施的网络经济，劳动过程是基于灵活机器和系统的灵活生产。弹性的生产则要求弹性劳动力、弹性工作时间、弹性雇用和解雇以及灵活地把核心技术工人与外围非技能工人结合起来，反映到劳动力市场上则是更大的两极分化和排斥以及雇用劳动阶级的分裂和破碎。

相比福特制，在自新自由主义兴起以来逐渐形成的弹性积累体制下，资本的支配力得到了提升。但是本书通过其他概念工具更具体地呈现资本权力的提升，同时方便使用相关经济数据以更直观地呈现出资本权力的提升。

希尔弗（2003）同时给出了劳工力量的来源，[①] 一方面是工人通过形成政党和工会等集体组织，形成的组织性力量；另一方面则是基于工人在经济体系中所在的位置形成的结构性力量。结构性力量又进一步区分为市场谈判力量和工作场所谈判力量，当工人掌握相对稀缺的技能、总体失业率较低、工人长时间完全退出劳动力市场还能依靠非工资收入生存下去时，工人的市场谈判力量更为强大；当处在生产关键节点的工人停工造成远比局部停工本身更广泛的破坏性影响时，也就是更紧密嵌入总生产过程中的工人具有更多的工作场所谈判力量（希尔弗，2003）。参考工人结构性力量等概念工具，本书通过讨论工人结构性力量的变化以呈现出资方地位和权力的变化，这与希尔弗通过构建资本四种调整方式和劳工结构性力量（主要是工作场所谈判力量）的二元关系来解释工人运动和全球化不同。本书指出，结构性力量根源于劳动力是一种商品，是资本创造出来的，劳工的结构性力量附属于资本积累进程，是资本积累的另一面。复杂的劳动过程产生出工人强大的结构性力量，而简单的劳动过程则产生弱小的结构性力量，不同的经济结构也对应着工人不同的结构性力量。更进一步，资本相对权力提升或下降的另一面是工人结构性力量的衰退或上升。如果在新的积累体制和经济结构中，代表性工人的结构性力量相对下降，那么，资本的相对权力就得到了提升。

① 更确切地说，希尔弗对劳工力量的归纳基于美国分析马克思主义代表人物赖特（2000）的开创性研究。在资本—工会这一分析劳资力量对比变化的框架中，“劳工力量”相关概念工具扮演了核心角色。

在全球化进程中，随着个体生产越来越紧密地嵌入全球生产中，某一工作场所的罢工带来的破坏力更为深远和广泛，反过来促进了劳工的工作场所谈判力量。但是这种全球化带来的“收益”大体上只属于紧密嵌入全球生产链的制造业工人。在技术革新的刺激下，制造业就业岗位在全球经济中的比重呈现出衰落趋势。低端制造业外包、技术进步、引入新的产品和产品线，使得发达资本主义国家经历了更迅速的制造业经济比重下降。转移到发展中国家的多是低薪制造业岗位，留在本土的是高端制造业，依赖于核心工人，提供的是与高生产力相匹配的高薪酬和高福利岗位。在发达资本主义国家，更紧密同全球化联系以及更受制于罢工威胁的制造业提供了较高的福利，同时收获了较高的生产力，保证了产业和平和“劳资共赢”。十分明确的是，这种高端制造业岗位在发达资本主义国家就业中的占比也不会太高。自新自由主义兴起以来，发达资本主义国家经历了明显的制造业就业比重的下降。

相对来说，发达资本主义国家服务业经济的比重逐渐提高，越来越多的就业源自该部门。服务业部门与制造业部门中工人的结构性力量是不同的。对比制造业工作和零售、餐饮以及以前由家庭负担的服务性工作，服务性工作对技能的要求不高，工人掌握的技能稀缺性相对较弱，弹性的雇用和就业不稳定，因此工人和雇主在市场上讨价还价的能力相对下降。而在工作场所中，实行弹性管理，除非是大规模的全行业罢工导致产业大面积停摆，一般情况下，某一工作场所工人罢工的冲击很小，并且雇主也很容易找到替代员工，工人利用在工作场所所处的位置同雇主议价的能力也显著下降。因此，与制造业部门相比，服务业部门工人的结构性力量总体上是下降的。在服务业经济比重上升的情况下，结果是资本支配力的提升。进一步来说，在发达资本主义国家，服务业就业在总就业中的占比越高，资本权力相对越大。所以，有关经济结构变化的数据，例如“去工业化”数据，能够为资本权力的提升提供一种“数量”上的直观性。

另一个加剧劳资力量平衡向资本倾斜的重要动态是金融化。在分析服务业就业比重上升对劳资力量平衡的影响时，本书不仅呈现了市场层面上工人市场谈判力量的相对衰落使得劳资力量平衡更有利于资本，还进入了服务业工作场所分析工人工作场所谈判力量的相对衰落使得劳资力量平衡更有利于资本。不过，金融化对劳资力量平衡的影响机制不是通过讨论金融部门从业人员市场或工作场所谈判力量的相对变化得到的。金融化对劳资力量平衡的影响是"无所不在"的。市场关系掩盖了生产过程中资本对劳动的剥削，在《资本论》第三卷中，马克思进一步指出生息资本和生产、职能资本的冲突掩盖了生产中雇用劳动与剩余的冲突和对立①。借贷资本又进一步掩盖了劳动被剥削的事实，在资本的"生息形态"上展示了"把生产关系最高度的颠倒和物化"②。尽管金融调整从来不是新鲜事物，在19世纪末期的全球化进程中，它就是资本争夺剩余价值的核心手段之一，但金融化在全球化的今天，受到了更多的关注度。依托金融体系，如今资本主义就通过把"未来商品化"推动扩张，换句话说，则是债务拉动型增长，"无所不在"的信用把未来经济活动的（可能）收益拉到现在，使未来（可能的）生产和收入用于当前的投资和消费（Streeck，2010），在资本循环的开始阶段，通过给生产者的借贷促进了生产扩大，又在结束阶段，通过给消费者的贴现促进价值在市场上实现。用当代的例子说明的话，则是同一个金融家一边借钱给开发商，另一边又借钱给消费者购房以保证市场需求，结果是一个利润率和利息率相互交织、相互作用的投机性闭环（哈维，2015）。在这个闭环中，资本继续保持着可观的利润率，同时进一步加强了对劳动的控制和剥削。

在金融化的进程中，雇用劳动进一步被边缘化，资本则获得了更大的权力和影响力。本书总结出三种金融化使劳资力量平衡更有利于资本的因果机制：第一，改变了公共政策领域内的权力和利益，提升了资本的话语权。金融化本身作为非生产利润提取的例子，又加速经济活动的主要焦点从通过生产性活动创造利润转向通过非生产性活动获取利润，以支持私营企业的利润攫取，为金融监管、劳动力市场管制和政府服务提供带来了压力，要么通过劳动力市场放松管制和公共部门工作外包，把市场风险转嫁给工人，要么通过金融市场放松管制、政府对金融系统的紧急救助和公共转移把风险转嫁给大众（Greer & Doellgast，2017）。而金融资本一直推动实行"通货膨胀目标制"（inflation targeting）和中央银行的独立性，以降低通货膨胀和减少民主力量对中央银行的影响，提高"食利者"的收入份额（Epstein，2001）。金融资本反对政府的充

① 资本论（第三卷）［M］．北京：人民出版社，2004：425－439.

② 资本论（第三卷）［M］．北京：人民出版社，2004：442.

分就业政策，因为旨在增加就业的政府支出会提高他们缴纳的税收，就业对资本家的依赖减小，也会破坏资本主义所依赖的合法性以及资本家“动物精神”对经济增长的支配权力，破坏金融体系运转所依赖的“商业信心”（帕特内克等，2019）。以上这些表明，金融化重塑了利益格局，“食利者”的利益而不是雇用劳动的利益更加主导公共政策领域，又加速了公共政策领域权力向资本这一方集中和倾斜，而不是作为更多数的工人群体，显著提升了资本的权力。第二，推动企业采用股东价值管理模式，扩大了资本、投资人的“退出选项”（exit option），提高了资本的流动性，也就提升了资本的权力和支配力。股东价值模式下，为了更积极地寻找股东价值，企业从长期资本管理转向短期资本投资，压低工资重新成为企业获取竞争力的关键性手段，雇用关系的外部化成为经营的主导逻辑，包括外包和去工会化、减少就业保障、减少培训和职位晋升（Vidal，2013）。依托自由的金融市场，股权持有人约束企业的主要手段从在董事会行使“发言权”转变成通过出售股份相威胁。大股东不再通过谈判和妥协以干预附属企业和外包公司的管理，而是威胁从表现不佳的企业中撤出资源以刺激企业提高效率，也就破坏了传统公司治理的参与式结构以及依托于该结构才得以维系的劳动者权力（Greer & Doellgast，2017）。在欧洲这些具有深厚劳资集体谈判传统的经济体，企业换取劳工合作的基础从谈判妥协变成企业利用就业和投资机会向劳动者施加威胁（Prosser，2014）。因此，股东价值管理模式的广泛推行，提升了企业层面上资本的权力和支配力（同时也削弱了员工的权力）。第三，当劳动力的再生产过程也纳入金融化进程时，[①] 劳工也就越来越无法挑战资本家的利益。保住工作的诉求大大增加，而受到金融危机的不利影响越来越大，工人也就不得不对资本家的利益做出更大的让步，以保证资本的利润率。在这一方面，金融化强化了资本主义的规训（disciplinary）作用。因此，可以说金融化是作用于整个政治经济系统，广泛提升了资本的权力和支配力。

一些经验现象有助于呈现金融化在当今发达资本主义国家中的渗透程度，这些经验现象包括：在国家层面还有国际层面，金融市场、金融动机、金融机构以及金融精英这四个因素在经济和监管机构的运行中越

① 劳动力再生产金融化的表现有工人家庭消费的金融化（例如房贷、消费信贷）、工人家庭储蓄的金融化（例如基金、股票与保险）（马慎萧，2019）。

来越重要（Epstein，2001）；非金融企业的金融化表现（企业账户从事越来越频繁的金融操作以获取利润），在银行经营利润中，对非金融企业融资业务的依赖性越来越少，而越来越多的利润源自金融市场交易、家庭贷款以及家庭的金融化（Lapavitsas & Mendieta – Muñoz，2016）；一些数据，如非金融企业“投资组合收入”相对于生产活动收入比重的变化，金融利润相对于非金融利润的变化也可以被用来衡量金融化的程度（Krippner，2005）。参考相关的金融化事实和数字，能更“直观”地描述美国、德国、瑞典正在发生的金融化。

因此，与把“服务业主导的就业结构”和“金融化”视为某种客观现象或者“中性”结构的表述不同，以上的分析指出这种经济结构以及在它所创造的工作场所中，资本受到的束缚越来越少，进而提升了资本的支配力和权力。资本持续通过空间、技术、产品和金融调整以使劳资力量对比更有利于资本，就业结构越来越以服务业为主导和金融化作为调整的“产成品”，又强化了资本的权力和地位。当资本逃避传统劳资协调机制的能力和收益大大提高时，他们只要施加积极的威胁，未必采取明确的行动，也可以施加足够的压力，迫使工人和工会让步。资本相对力量的变化十分复杂，但是这些熟悉的、一般化的宏观事实可以更简明地捕捉到资本权力和地位的变化，这一部分尽可能有条理地提供了因果机制。

2.1.2 描述工会运动的变化

回溯工会的历史有助于理解西方国家工会组织的性质、权力和角色。也进一步解释了工会的主动性以及相对资本主义生产一定的独立性。作为一种政治安排，工会历史上曾对劳资关系施加了十分积极的影响力，塑造了更有利于劳工的政治社会秩序。

有组织团体的历史可以追溯到欧洲中世纪的行会。不过，不同于如今把工会视为工人阶级共同利益的组织，早期的工会多是同业团体或行会，由技术工匠构成，组织目标不是代表工人群体的利益，而是使成员的利益与其他群体的利益相区别。这种地方主义也深入现代工会的结构中。伴随着大规模生产，工会蓬勃发展。理论上，工人形成的集体强制有潜力推翻资本主义生产方式，也有潜力对国家的垄断力量造成威胁，经过严酷的斗争，工会终于获得立法的承认，不过是被作为国家代理人的政府“适当”地认可。被整合进发达资本主义国家自由主义政治秩序中的工会，变成了维持有组织资本主义的成分，不能超越自由市场和议会民主的地位，工会也被限制在只能通过集体谈判实现经济（收入、工作条件和福利）目标以及通过游说和支持复杂的政党来间接实现政治目标的范围内（Streeck & Kenworthy，2005）。战后有组织的劳工运动更接近“团结一致”，团结一致的政治目标暂时压制了地方主义，西欧工人运动“二战”后发展的势头和实现的社会和政治一体化表明了工会运动的主动性以及在社会变革中的主导性。不过，当“团结一致”衰落，地方主义日益凸显，工人运动就被削弱了。

工会承担的职能是多元的，将工会局限在经济主义的界定中是对历史和现实的扭曲。工会不仅是与雇主抗衡的阶级力量，还承担着经济管理、工作管理、会员服务、社会变革的功能（Salamon，1998）。在经济管理方面，工会的主要目标是通过集体谈判尽量提高成员的工资和就业，集中程度高的工会联盟还发挥平衡工人工资差异的作用和约束工人工资过度上涨的作用，以抑制不同级别或层次的工人之间的差异和通货膨胀；在工作场所，工会还同雇主建立联合的规则、决策程序，确保雇员能够参与工作场所决策制定，同管理特权相制衡；在社会变革方面，工会表达成员的社会凝聚力和政治意识形态，通过影响议会积极推动反映劳工阶层立场的社会变革；工会还为其会员提供一系列福利或服务，[①] 也是吸引工会会员的手段（Salamon，1998）。

在工会运动史上，发展出了两种明显区别的模式，一种是美国的经济型工联主义（business unionism），[②] 另一种是西欧的社团

① 早期的工会提供一系列的共同保险福利，不仅包括在罢工期间的工资损失，还包括成员失业、生病、受伤或死亡时的福利，这些福利通过使成员更少依赖雇主的“仁慈”加强了工会的集体角色，但是伴随着国家不断接管这些福利功能，工会的作用也就越来越不显著，在20世纪80年代，许多工会转向更现代的“会员服务”（类似于公司为雇员提供的服务），例如一揽子有折扣的金融服务，以吸引没有工会传统的潜在新员工，但是这种基于个人主义的现代服务可能偏离了工会作为阶级组织的本质（Salamon，1998）。

② 经济型工联主义是指将工人运动和工会的目标限制在资本主义制度内争取工资和福利改善的主张。在桑巴特（2014）看来，美国的工会在政治上也按照工商业的方式运作，通过保持排他性和垄断以保护自己所代表利益集团的利益，很少考虑作为一个整体的无产阶级的利益。

主义[①②]模式。美国的经济型工联主义也被称为多元主义自由模式，具体诠释了工会的地方主义和经济主义。工会组织零散分布和目标分散，在所谓的政治市场上，作为有组织利益群体进行的游说操作各自为政，自由竞争。而在集体谈判上，工会代表内部人的利益同雇主直接就雇用问题进行谈判，围绕着经济利益斗争激烈，往往引发激烈的产业冲突。因此，尽管尚没有定论，也有研究指出美国工会主义加速了美国经济社会不平等（Cornfield，1991）。美国这种特定部门雇主与工人之间最终达成的“合作”，在桑巴特（2014）看来，是资本主义式的，是对公众的剥削。这种在思想上不激进（比社会主义思想对所谓的保守思想家的冒犯显然更少）并且符合经济人理性的美式工联主义也导致了更多的暴力（奥尔森，2014）。不同于美国，西欧的社团主义模式超越了经济型工联主义狭隘的经济利益，被称为福利型工会或者政治型工会，具体诠释了团结一致。在这种模式中，不同工会以及工会所代表工人群体的差异得到了正视，不同工会通过达成共识以及规章制度形成高峰联盟，以推进工人阶级的共同利益。而工会形成的高峰联盟参与进国家政治行动和公共政策领域，基于“团结一致”的政治目标，推进囊括各阶层利益的社会变革。高峰联盟产生的强制又大大约束了罢工，降低了罢工率。而达成的产业层面或国家层面的集体谈判又平衡了工人之间的工资

① 社团主义（corporatism）是理解西欧发达资本主义国家市场经济模式的一个重要概念，是参照劳工、资本、国家之间三方主义的紧密程度对市场经济进行区分。社团主义也是衡量资本主义多样性的方法和指标，但是该方法虽然对协调市场经济模式具有较高的解释力，可能会遗漏自由市场经济制度和协调市场经济制度性质上的不同，对理解自由市场经济模式有所欠缺。在结构上，理想的社团主义安排表现在，集体行动者以集中、等级的方式组织起来的，特定的组织对代表性享有垄断，高峰协会占主导地位，较低层次的组织服从高峰协会制定的战略和协议，企业层面的共决制度工作委员会是强大的，能够与公司达成协议，但也要服从工会联盟更大的战略；在功能上，社团主义安排中，有组织团体所发挥的作用与国家角色紧密联系，国家在直接或间接干预经济政策方面发挥积极作用，但是，这种干预不是单方面或者强制性的，而是咨询式或协商式的干预，依靠政治激励和制裁使利益集团与公共目的合作，雇主协会、工会和国家（政府）必须以三方的方式工作，这些组织有更广泛、更长远的愿望，工会对全球经济和社会方面感兴趣，而不是只关注商业事务和经济分配；在范围上（即集体行动者达成的劳资协议的实际覆盖面），理想的社团主义安排所达成的协议是国家层面协调的或者是产业层面协调的，并且在不同程度覆盖了整个经济领域（Streeck & Kenworthy，2005；Jahn，2014）。

② 法西斯政权也是一种社团主义，但被视为一种国家社团主义，这个独裁国家给“社团主义”术语带来了很多的负面含义，随着社团主义在福利国家研究中被更多的使用，并代表着一种更平等的体制，“社团主义”这个词汇趋于中性。

差异，缩小了劳动者之间的差距。显而易见，美国版本的工联主义不能用来概括整个资本主义世界工会的具体实践。

因此，分析工会的力量不仅仅是一个只分析工会密度（雇员覆盖率）的问题，而应当考虑工会模式。即使是工会密度，也不能仅仅参考平均数据，还要参考不同产业的工会参与情况。工会密度只解释了问题的一部分，工会的结构、组织、和功能角色都需要评估。更集中的工会系统比零散的工会系统力量更大，承担更多功能并且更积极发挥这些功能角色的工会力量也更大。与描述资本力量变化类似，本书放弃了考察三国工会运动变化的具体细节。一般化的事实描述可以更简洁地呈现出工会力量的变迁。

2.2　资本主义多样性框架中的三方互动

基于资本主义多样性方法，某一政治经济系统中的行为主体的策略选择受制于政治经济体中的具体的制度安排，乃至文化和历史，因此描述雇主和雇主组织、工会以及作为管理人的国家的策略互动可以从一系列具体制度安排着手。参考基瑟尔特等（Kitschelt et al.，1999）对发达资本主义国家政治经济体制的分类和描述以及文献综述部分关于美国、德国、瑞典劳资关系的经验研究综述，本书初步归纳出美国、德国、瑞典三个国家劳资关系协调的方式和国家角色。国家在劳资关系系统中扮演着重要角色，不是中性的结构，不同资本主义国家在劳资关系演变中扮演的角色是具体的也是微妙的，分析中不仅要涉及发生劳资冲突时国家所采取的立场和策略，也要考虑国家关于劳资关系、劳工、劳动力市场立法和政策的变化以及可能的社会政策和经济政策方面的变化。

表 2－1 大概描述了三个国家劳资关系的一般情况，进一步验证了在资本主义多样性框架中分析三个国家劳资关系演变的必要性。美国是自由市场经济模式的代表。劳资关系特征是资本高流动性，没有雇主协会这类组织，工会组织各自为政，工会参与率尤其是私人部门的工会参与率低。集体谈判分散化并且集体谈判只覆盖工会群体，覆盖率低。美国的国家政治认为资本增殖自动保证劳动力再生产的有序进行，旨在推进有助于资本增殖的政策。德国是部门协调市场经济，也被称为社团主义的变体。在

德国，雇主组成雇主协会，产业工会组织良好，平均工会密度在三个国家中处于中间位置，工会形成的工会联盟集中程度中等。由雇主协会与工会在产业层面进行集体谈判和劳资协调，集体谈判覆盖率取决于雇主协会的雇员覆盖率，不仅仅只覆盖工会人员，覆盖率远远高于工会密度。因为工会和雇主组织有效率的合作，形成了良好的社会合作伙伴关系，面对各种利益团体，国家遵循着最小干预原则。而瑞典是国家协调的市场经济模式，被视为社团主义模式的代表。工会会员率高，实力强大，工会形成的联盟集中程度也高。由蓝领工会联盟和雇主联盟就劳资问题开展高峰谈判和协调，集体谈判雇员覆盖面率高。政府扮演着重要角色，积极维护三方治理模式，但是对资本主义生产方式是肯定的。

表 2－1　美国、德国、瑞典劳资关系系统的宏观特征和资本主义类型

国家	模式	劳资关系系统的宏观特征	国家角色
美国	自由市场经济	没有雇主协会这类组织，工会组织各自为政；集体谈判分散化，集体谈判覆盖面取决于工会密度，覆盖率低	积极维护和推进自由市场经济
德国	部门协调的市场经济、社团主义的变体	雇主形成雇主协会，产业工会组织良好、会员率尚可、工会联盟集权程度中等；在产业层面由雇主协会和工会进行劳资协商，集体谈判覆盖率取决于雇主协会的员工覆盖率，覆盖率高	面对各种利益团体的“较少干预”
瑞典	国家协调的市场经济、社团主义的范本	工会实力强大，会员率高，工会联盟集中程度高；由雇主联盟和工会联盟在国家层面进行集体谈判，集体谈判覆盖率高	国家积极维护工会、雇主和国家的三方治理

总体而言，美国、德国、瑞典虽然都被视为发达的资本主义市场经济体，但是这三个国家的经济社会制度存在明显差异，也就无法通过统一的政治经济理论模型（如众所周知的自由市场经济模型）以分析三个市场经济体中雇主和雇主组织、工人和工会以及国家三方互动的具体表现。而资本主义多样性方法提供了认识差异性和分析差异性的框架。在这个框架中，不同资本主义国家劳资关系演变所遵循的不同政治经济逻辑，以及不同政治经济逻辑下行为人不同的策略和行动能够得到更全面和深刻的比较研究。

第3章　美国劳资关系的演变

本章的具体安排如下：首先，大致描述了早期美国劳资关系的发展，归纳出美国在20世纪70年代前劳资关系系统的主要制度特征；其次，描述20世纪70年代之后劳资关系的演变，具体呈现出劳资力量对比的动态，雇主、工人和工会、国家三者的互动下，宏观层面上放松劳资关系管制的动态以及工作场所劳动力管理实践的演变；最后，大致概括了本章的研究内容，说明美国劳资关系演变的重要特征。

3.1　20世纪70年代前劳资关系的发展和主要制度特征

本节大概描述了20世纪70年代之前美国劳资关系的演变，以呈现出劳资斗争的历史为20世纪70年代留下了什么样的制度基础，这些制度基础则是美国新自由主义兴起之后劳资关系演变的起点。本节分为三部分，首先描述工会立法和集体谈判的发展历程，其次是工作场所劳动力管理实践的变化，最后是小结，以归纳出对20世纪70年代之后的劳资关系体系来说，可以视为“传统”的某些制度特征。

3.1.1　工会立法和集体谈判的发展历程

美国工业化始于18世纪90年代，伴随着工业化的来临，美国发展出了工会组织。第一个成立的工人团体是联邦鞋匠工会，由美国手工业熟练工人在费城组成。19世纪五六十年代，工厂制度在美国普遍发展。

南北战争结束（1865 年）之后，形成了第一个全国性的改良主义工会全国劳工工会。1869 年，劳工骑士团成立，这是一个定位于社会改革的阶级组织，但是在 19 世纪 80 年代，影响力趋于衰弱，随后在煤矿、赫姆斯蒂和普尔门罢工中的激进行动又引发了公众谴责，进一步消解了它们的影响力（卡茨等，2008）。1886 年，基于对劳工骑士团失败的反思，劳工联合会（AFL）成立，会员主要由熟练工人组成，但是组织松散，斗争目标局限在提高工人生活水平（bread-and-butter）上，放弃了社会改革的斗争目标（米尔斯，1994）。伴随着工人运动的发展，到 19 世纪末期，产业劳资冲突已成为社会冲突的主导，但是此时美国工会仍不具备明确的法律地位。直到 1935 年国家劳动关系法案（National Labor Relations Act of 1935，又称瓦格纳法案）通过，美国劳工才被联邦政府批准组织工会与集体谈判的权利，同时建立了国家劳动关系委员会（National Labor Relations Board，NLRB），负责管理和规范私营部门的工会和商业企业的关系，处理有关集体谈判和不公平劳动实践的争议。法案通过当年，产业联合会（CIO）成立，这是一个由汽车、钢铁、橡胶、煤炭等产业工会组成的联盟。

在瓦格纳法案通过之前，美国劳工运动的法律地位处于模棱两可的状态。法律地位不明确的劳工运动血迹斑斑，工会行为遭到雇主强力的威胁和武装镇压，以及来自官方国民警卫队的压制。而这些被残酷镇压的群体行为大多是为了争取工会的法律地位。第一次世界大战期间，因为需要工人配合以保证物资生产，工人组织工会的权利以及与雇主集体谈判的权利被国家尊重。而在非战争时期，工人的配合不是那么重要的时候，劳工的组织权利被立场不定的政府和追求自由放任的法律系统压制。尤其是后者，坚定地贯彻着保守主义。来自司法系统的否决性制衡，意味着即使立法上给予了肯定，工人组织工会的权利在践行时还是处处掣肘。司法体系表现出的这种保守主义被称为“自由宪政主义”，[①] 从 19 世纪后半期一直延续到 1937 年。联邦最高法院最

① 美国宪法第一修正案赋予了公民自由结社的权利，这意味着有组织劳工的权利得到了宪法的肯定，但是工人的结社权对资本主义财产权又造成了潜在威胁（陈峰，2016），而保守主义的美国司法明显以维护后者为己任。因此，在进步主义学者看来，自由宪政主义时期的美国法官沉浸在“自由放任”的理论中，认同资本家阶级的立场，并对任何试图对财富再分配或干涉私人市场的行为嗤之以鼻，以及凭借司法的权力积极地捍卫他们“自由放任”的立场（Lindsay，2010）。

终于1937年对左翼进步主义的让步不仅仅是应对舆论的压力，更在于1936年大选获得压倒性胜利的罗斯福对最高院法官权力施加的实质性威胁。①

美国蓬勃发展的工业生产造就了一大批产业工人，为形成工人阶级组织提供了基础。瓦格纳法案通过后，产业工人工会会员开始逐渐上升，壮大了工人阶级的组织力量（图3－1描述了美国工人组织在瓦格纳法案之后的迅速壮大）。来自工人阶级的政治捐献和选票扩大了自由改革派民主党人在国会的力量。斯考克波尔（Skocpol，1980）曾具体描述了新政时期的民主党和工人阶级的互动：瓦格纳法案的通过推进了工会组织的发展，而工会领导为了感激罗斯福政府和民主党，建立了政治委员会动员工人支持罗斯福和民主党，以促使民主党内部的自由力量为工人（包括失业者和靠救济生活的人）争取更多的利益；通过自由民主党人、工人、失业人员、靠福利生活的人以及联邦行政人员卓有成效的工作，民主党和罗斯福在1936年的大选中赢得了压倒性的胜利。但随着复苏和改革方案越来越偏向于劳工阶层，民主党内不同的利益越来越难以协调。在美国，自由派的改革理想根本不可能也从来没有为民主党全体一致接受。日益“激进”的罗斯福也就越来越难以管理民主党中的不同利益集团，他在1938年曾一度尝试清除保守民主党人，使民主党更自由，但是地方和州一级的有组织的利益集团而不是美国联邦控制着美国政党代表的提名，罗斯福的清除注定失败，也最终以失败告终（Skocpol，1980）。

① 美国自由放任的宪政在美国最高法院1905年对洛克纳诉纽约州案（Lockner v. New York）的决定中达到顶峰。在该法案中，面包店店主洛克纳将纽约州诉至美国联邦最高法院，认为纽约州1895年通过的面包店法带有明显的工人阶级偏向，侵犯了契约自由和平等保护，最终最高法判定洛克纳胜诉。1935～1936年，联邦最高法院接连宣布罗斯福新政中的11项法案违宪，包括全国复兴法（曼彻斯特，2004）。直到1937年，在前一年大选中取得压倒性胜利的罗斯福指出联邦最高法院现任法官年岁太高，影响了办案效率，因此向国会提出“法院填塞计划”，通过在联邦司法机构中增加法官（这些法官通常支持新政）来扭转司法系统对新政的否决性立场，此时无论是众议院还是参议院，民主党占据绝对优势（在1937～1939年的国会，民主党占据了众议院333个席位，参议院75个席位，与之相对，共和党的数字是89和17），受到实质性威胁的联邦最高法开始转变立场，支持新政，主导美国司法系统的自由宪政才被松绑。

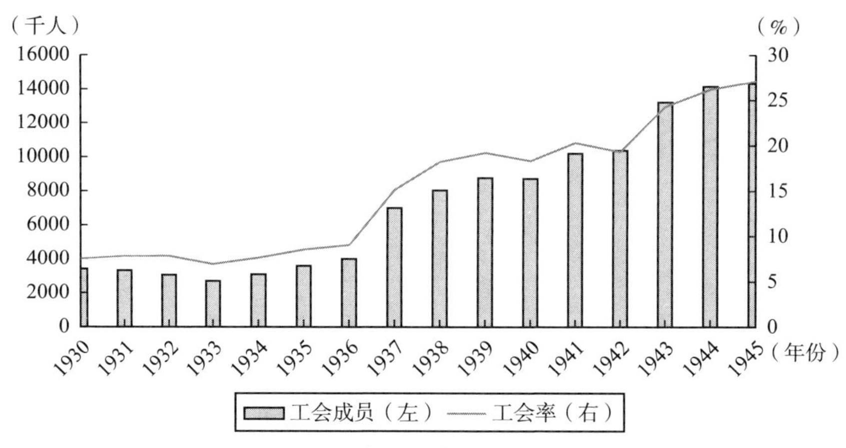

图 3－1　美国工会组织情况（1930～1945 年）

资料来源：Mayer G. Union membership trends in the United States［M］. Washington，DC：Congressional Research Service，2004.

由于政治过程受强烈的经济主义和地方主义主导，罗斯福领导的民主党也就不可能完成在美国塑造福利国家的任务。而在第二次世界大战结束之后，国会中的保守派进一步向新政发起了持续攻击，新政中包含的向现代福利国家制度迈进的开拓性尝试在 20 世纪 40 年代后期被终止（Skocpol，1987）。1947 年，国会通过劳动管理关系法（Labor Management Relations Act of 1947），又称塔夫脱—哈特莱法案（Taft－Hartley Act），该法案对工会权利施加了严格限制，增加了雇员不参加工会和工会活动的权利，增加了工会不当劳动行为的条款，允许雇主在工会选举活动时发表反工会声明（尽管对声明的内容进行了限制），并且允许各州通过禁止工会的法律，① 对劳资委员会的自由裁量权也施加了限制（卡茨等，2008）。从这些改变中看出，塔夫脱—哈特莱法案明显对美国工会运动带来了不利影响，不仅直接扩张了雇主抵制工会的权利，在提高个人权利的同时也削弱了工会的组织权利，从而扩张雇主权利，使劳资关系平衡更向资方倾斜。允许州层面通过反工会法律的规定，更是提高了资方反对工会的潜力，为雇主在不同的州之间转移生产，兴建越来越多的无工会企业制造了可能性。

以上大概描述了美国从早期工会组织建立到 1947 年通过塔夫脱—

① 这些反工会的法律被命名为工作权利（right-to-work）法。

哈特莱法案的总体历程。瓦格纳法案和塔夫脱—哈特莱法案奠定了美国劳动关系法的基础。这些法案确定了集体谈判的相关要件，规定有组织劳工和资方共同决定集体谈判的内容。在实际操作中，谈判内容取决于雇主和劳工的博弈。不过，立法中并没有确认集体谈判能够覆盖到非工会部门和企业，即使雇用工会成员的雇主同时也雇用了非工会成员，也只有工会成员才能享受到集体谈判协商的工资，美国集体谈判的覆盖率也就近似于工会会员率。集体谈判方面没有明确对工会人员的保护性条款，也就是默许了雇主雇用非工会人员而不是工会人员以逃避集体谈判，对劳工施加了不参与工会的刺激。

1955 年，劳联和产联合并成劳联—产联，全国性的联盟成立。但是工会并没有把集体谈判的权力让渡给工会联盟。联盟的主要角色和工作是在国家层面作为劳工运动的政治与公共关系发言人，对成员工会间的管辖权争议进行裁定，推进伦理守则实践，同时负责联系美国劳工与国际劳工运动。全国性联盟的成立推动了劳工运动的发展，联盟积极推动公司建立独立工会、推动集体谈判协议从核心产业扩展到外围产业。虽然劳联和产联的利益和目标并不合拍，前者比后者更保守，地方主义更严重，但是联盟还是能够有成效地工作。工会的这种发展对资方造成了威胁，资方又开始实行强硬措施，对谈判范围和工会影响施加限制。在此期间，工会自身又暴露出腐败问题，恶化了工会的公众形象，反过来强化了反工会的价值观。1959 年，针对美国工会的内部问题，国会通过兰德勒姆—格里芬法案（Landrum - Griffin Act），用以规范工会内部的运作。

进入 20 世纪 60 年代，民权运动、越战和校园抗议活动导致了动荡不安的社会环境。越战和强劲的经济增长催生了紧俏的劳动力市场，工人力量不断增长并且车间层面的斗争高涨，工会罢工和不是由工会组织的野猫罢工（wild cat）明显增加。[①] 公共部门的工会组织在此期间也大幅发展，1960 年，纽约市教师罢工，拉开了公共部门劳工运动的序幕。

---

① 例如，汽车行业在 1951 ~ 1959 年新的合同没能达成期间，停工造成的工作时间损失比率在 0. 21 ~ 0. 28 之间浮动；到 1968 年和 1969 年（同样都是无合同年），工作日损失比率同样也在增长，分别为 0. 74 和 0. 94。在通用汽车公司，每百名蓝领工人的有记载的苦情申诉从 1960 年的 50. 4 件上升到 1973 年的 71. 9 件；通用汽车公司的合同谈判的本地议题数量也在增长：1958 年为 11600 件，1961 年为 19000 件，1964 年为 24000 件，1967 年为 27000 件，1970 年则为 39000 件（寇肯等，2008）。

1962 年，肯尼迪总统签署 10988 号行政令，批准了联邦政府雇员有限的集体谈判权。公共部门工会的发展掩盖了劳工运动的实际停滞以及新型私营公司工会组织能力的下滑。但是工会总体的颓势依然能够从联邦工会统计数据中捕捉到，如图 3－2 所示，从 20 世纪 50 年代中期，工会会员率就开始下降。

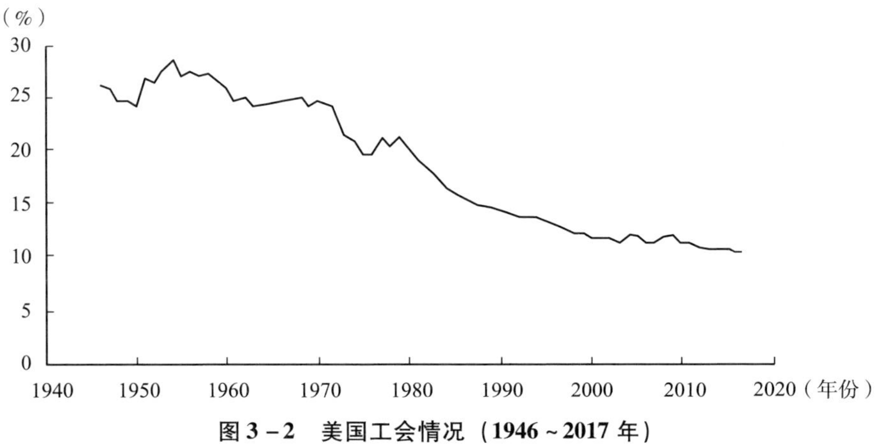

图 3－2　美国工会情况（1946～2017 年）

资料来源：1946～2003 年的资料源自 Mayer G. Union membership trends in the United States [M]. Washington，DC：Congressional Research Service，2004，2004～2017 年的资料源自 OECD 工会参与率调查数据，OECD 的统计值略高于迈耶（Mayer，2004）的统计，因此 2004 年的美国工会率应该是小于 2003 年值，并且下降趋势并没有改变。

总体来看，50 年代中期是美国集体谈判覆盖面的高峰，之后开始下滑。根据 1962 年每月劳动评论（Monthly Labor Review）对 1961 年（这个时候还算工人运动比较繁荣的时期）集体协议的调查，单一工厂领导的集体谈判和母公司领导的多工厂集体谈判是主要形式，多雇主谈判主要覆盖采矿、原油和天然气生产、运输、铁路和航空、建筑业等部门。参考布洛赫（Bloch，1964）对雇用人数超过 1000 人的美国私人企业集体协议的归纳，美国工人运动鼎盛时期所有集体协议条款累加起来涵盖了工资、工作和收入保障、职能、权利与义务、工作环境和规则、福利等方面。这份调查并没有涉及这些协议条款的实际操作和管理。但是这些条款在一定程度上有助于推动工作场所实践的民主，提供了一个形式上满意的范本指导工会和雇主的集体谈判。集体合同不仅仅局限在经济条款的协商上，还包含具体的、可实施的工作场所实践，美国的集体谈判也具备了工作管理的特征。最终美国的集体谈判合约发展出管理功能，也就修正了工作场所的管理特权和强制。尽管体现在具体协议中的条款范围和内容，取决于工会的力量，也并没有什么机制保证集体谈判协议取得成果的长期可持续。工会代表机制也是不稳固的，面临着外部的威胁。在大量存在的非工会企业和部门中，并不会采取工人代表机制，反过来，非工会部门采取的人事管理以及获得的相应绩效也就对工会化企业的管理实践造成了很大威胁。

3.1.2 强大的雇主与人事管理的发展

20世纪初期，生产组织在美国经历了巨大变革，泰勒制和福特制相继出现，大大提高了雇主对劳动过程的控制力。布雷弗曼（1979）指出泰勒的科学管理不是技术革新，只是管理方法和劳动组织方面的发展。泰勒给工人设定了一套精密的完成工作的方法，目的是为了更好地控制被购买的劳动力。至于福特制，并不像泰勒制那样“假设”生产流程是既定的，福特制引入了不断运动的传送带，也就是流水线，并使配件标准化，大大强化了机器对人的控制，改变了生产过程本身。福特制从四个方面强化了劳动过程的管控，提高了生产力：第一，统一的标准不再由监工确立和管理，而是由流水线控制和管理，执行标准更严格；第二，不同作业之间也就实现了无缝链接；第三，产品有序地经过流水线上的每一个工作岗位，由流水线强化不同工序之间的相互依赖和约束；第四，不断刺激着生产创新以使生产线更快速地运转（霍本，2008）。通过管理改造和技术改造，泰勒制和福特制在强化了管理者对劳动过程控制的同时，进一步强化了劳动对资本的隶属。

福特对生产率提高的贡献只是资本主义经济发展史的一个方面，与他相连的还有早已被演绎成各种带有传奇色彩故事的“日薪5美元战略”，即较大幅度地提高工人的收入。福特因此也被视为“理性资本家”的代表。这种资本家的理性在于他们认识到资本主义的未来发展不能没有大规模消费市场。他的例子也被用来支持如下论点，即把资本主义的“理性化改革”归因于大型工业雇主的远见。但是，事实上福特的“壮举”还有一个直接的目的，即把劳动力稳定下来，因为对当时的工人来说，福特工厂工作的极度单调和极快的节奏是难以忍受的，许多工人进入福特工厂又很快离开（霍本，2008）。总之，福特不是为了社会消费而采取这一做法，“5 美元”工资毋宁是雇主控制劳工的手段。来自管理学学者的评价是，卡耐基和福特这些 19 世纪末 20 世纪初的风云人物把自己看作是社会改革家，但他们作出的成就实际上局限在微观层面上的管理和说教（克莱纳，2012）。关于美国商人在新政时期的立场，斯考克波尔（1980）明确指出他们激烈反对社会保障方面的法案，几乎所有的大型工业雇主都毫不含糊地反对瓦格纳法案。资本家不会清晰认识到新政时期提升劳工福利的举措其实是为了维持资产阶级的长期积累，即使能够认识到，由于需要牺牲短期利益（利润率被剥夺）以及要挑战他们对工厂的“独裁”（在他们的意识中工厂是隶属于他们的私有物），对他们来说也是太过艰难的选择。

以上的分析尽量还原了泰勒制和福特制的原貌，二者是提高剩余价值的方法，不会因为它们的发明者在“慈善”方面的表现而改变本质。理论上，泰勒制和福特制强化了在生产场所中管理层对生产过程和劳工的控制权，但实际效果是复杂的。戈登等（Gordon et al.，1982）指出正是在大规模生产中使用的技术控制激发了产业工会的蓬勃发展，这是工人对这些控制所做的敌对反应。复杂的劳动分工和各工序紧密衔接的流水线的另一面，是生产线面临工人罢工时的脆弱。即使是局部罢工，也将导致整个公司停产，工人因而掌握了强大的工作场所谈判力量。瓦格纳法案使得暴力对抗工人组织和罢工成为过去式，工会组织迅速增长，美国雇主不得不采取和平的方式应对劳工。因此，在工作场所中，雇主引入了负责产业关系和人事的管理人员，管理同工会以及劳工的关系。一方面，由于工会能够控制会员，雇主开始接受工会的存在，并利用工会管理工人，工会逐渐在仲裁员工苦情申诉、明细合同和规范工作场所实践上发挥重要作用，尽管需要雇主作出让步，但是保持了产业关系的稳定；另一方面，在人事管理中，雇主则采用职位分析和评估、资历管理、雇用测试和绩效评估的系统实践来管理和控制公司内部劳动力，雇主的这些实践推动了人事部门的形成。这种官僚式、等级制特征的劳工管理方式随后在美国得到进一步推广。第二次世界大战期间，在战时强政府的政治经济刺激下，人事管理又得到了进一步推进，一方面，通过强制推行特定的雇用和就业模式，鼓励经济组织创立或拓展人事部门和官僚控制，另一方面，通过提供一系列有助于劳动力管理实践改进的总体利益，进一步加速了人事管理官僚制的推广，战争结束后，这些人事创新转而被用于提高企业效率和控制劳工（Baron et al.，1986）。[①] 巴伦等（Baron et al.，1986）调查了雇用人数超过250人的企业1927~1946年的人事管理，统计了相关数据，同时制作了相应的表格，呈现出美国采用人事部门和相关实践的企业的数量变动情况（如表3-1所示）。数据表明，到1946年，3/4的美国大型企业已采用了人事部门和相关实践。作为某种越来越拥有自身独立利益的组织，人事部门也有强烈的意愿保留和拓展这些实践，以不断强化自身的利益，通过提供管理效率和控制以建立人事部门的合法性。尽管工会也是推动人事程序引入和发展的因素之一（Baron et al.，1986），但是相对于工会在工作场所中的工作管理和稳定劳动职能，日益成熟的人事部门逐渐表现出替代性。可以预见这恰好给雇主反工会以强大的利益刺激。

表3-1　　美国采用人事部门及相关实践的企业数量变动　　单位：%

指标	1927年	1935年	1939年	1946年
人事部门	34.3	46.0	47.2	74.6
雇用的集中管理	41.8	53.2	55.2	75.6
工作分析	—	24.1	27.3	44.9
工作评估	—	18.4	17.3	61.2
雇用测试	—	8.3	17.7	21.8
绩效评估	—	14.2	16.0	20.6

资料来源：Baron J. N.，Dobbin F. R.，Jennings P. D.. War and peace：The Evolution of Modern Personnel Administration in US Industry［J］. American Journal of Sociology，1986，92（2）：350-383。

进入20世纪60年代，美国高科技等新兴产业兴起，但是工会无法在这些新兴行业中进行有效的组织，也就无法在这些行业推行工作场所的工

① 加上巴伦等（1986）以国家为中心的论点，关于现代人事部门源起和演变总共有三种观点。其他两种观点分别来自新马克思主义和制度主义，新马克思主义强调效率和控制的观点（Gordon et al.，1982），而制度主义者则强调工人本身对内部劳动力市场的官僚等级制感兴趣（Rubery，1978）。

会代表制。与之相对，因为把工作绩效和个人激励及个人能力相联系，人事管理更能满足对高技术产业和高技术雇员的管理需求。人事管理也进一步改进，以适应更加多变的技术环境，以促进高技术雇员的自主性和创新力，也更为强调个体雇员的尊严和发言权，慢慢发展成人力资源管理，逐渐推广到更多的非工会部门中。平等就业法案进一步推进了工作中的"个人主义"，也进一步扩展了人事管理或者人力资源管理的影响力。动荡的20世纪60年代，工作场所工会代表止步不前，而非工会化的人力资源管理得到了进一步推广，并且该劳动力管理实践也日趋完善。

3.1.3 传统劳资关系系统的总体特征

立法和政策、集体谈判以及工作场所劳动力管理实践发展的背后是美国雇主、工人和工会、国家三者之间的互动。以上尽可能有条理地描述了这些方面的变化。从这些描述能够发现，美国历史上劳工抗争留下了脆弱的劳工运动基础。劳工运动一开始就是在强大的雇主以及"自由放任主义"政治的夹缝中求生存，劳工运动的目标被限制在狭窄的经济利益上。因此，美国工会也被描述为按照商业模式运行的工会，缺少统一的社会变革的政治目标。国家集体谈判体系从没有实现过，类似于产业层面的多雇主集体谈判只局限在煤钢、运输等产业部门，集体协议主要以单一雇主、企业层面为主。集体谈判的覆盖面依赖于工会会员率，而工会的覆盖面已经开始持续下滑。

集体协议的内容涉及了生产和工作场所规则和管理，但是工会代表的框架并不稳定，更不用说以立法的形式确认。对雇主来说，工会是促进劳资关系和工作场所稳定的不太被信任的工具，他们并没有放弃发展替代方式以更少的代价保证劳资关系稳定。雇主引入了人事部门和人事实践，在战时强政府的推动下，人事管理也得到了迅速发展，到20世纪60年代，在新兴产业部门，用来规训员工的人力资源管理开始发展。

不能否认的是，到20世纪70年代，美国的核心产业还具有制度化的集体谈判，工会覆盖了1/4的美国雇员，对整体经济仍具有一定的影响力，工会在工作场所还发挥着工作管理的功能。但是从工会组织和影响力的衰退趋势、法律层面上劳动关系法案对工会权利的吝啬、雇主反工会价值观和多种规避既有劳资关系平衡的权势以及工作场所人事管理实践的日渐成熟中，可以窥测到劳资关系的去管制从20世纪60年代就已经开始。

3.2　20世纪70年代后劳资关系的演变

3.1节归纳出美国进入20世纪70年代，劳资关系系统的基本概况。这一节进入正式的分析，描述20世纪70年代后劳资关系的演变历程，主要分为三个方面，第一个方面描述劳资力量对比的变化动态，第二个方面描述宏观层面上劳资关系放松管制的发展历程，第三个方面描述工作场所劳动力管理实践的变化。通过这三个方面呈现出美国劳资关系演变的大概特征。

3.2.1　劳资力量对比的演变

美国的雇主一直是强大的。20世纪70年代之后，伴随着新自由主义的兴起，美国资本的空间、技术、产品以及金融调整在全球塑造了美国资本的有利地位，在国内经济中，美国雇主的地位同样得到了进一步提升。图3－3和图3－4描述了经济结构的变化。如图3－3所示，制造业

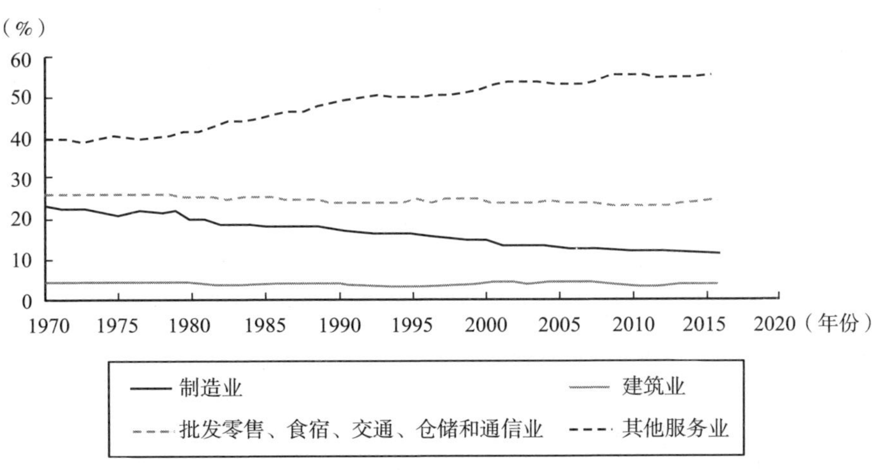

图3－3　美国各产业增加值的变迁（1970～2016年）

资料来源：使用世界银行数据计算得到。

产值在国民生产总值中的比重持续下降，从 1970 年的 24% 下降到 2016 年的 12%，与之相对，则是其他服务业产值比重的上升，从 40% 上升到 55%；图 3-4 描述了制造业和服务业就业比重的变化情况，来自制造业部门的岗位数量占总就业的比重从 1970 年的 26% 下降到 2016 年的 10%，而服务业就业从 61% 上升到 81%。

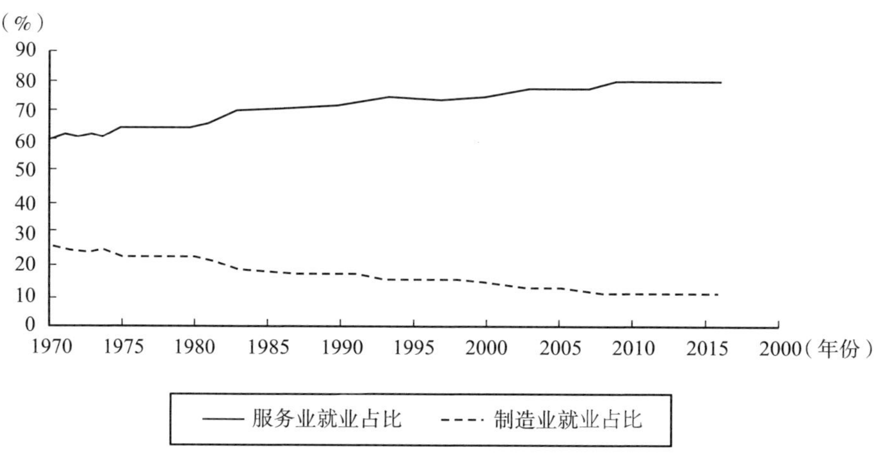

图 3-4 美国服务业和制造业就业占比（1970~2016 年）

资料来源：OECD 统计数据。

产业结构变迁的数据表明美国制造业不断衰退，而服务业经济的比重日益提高，在就业结构上的转变更为明显。第 2 章提供的因果机制表明，相比制造业，服务业工作更不稳定和去技能化，因此服务业的大部分部门尤其是中低薪部门的雇员，与雇主的市场议价能力明显下降。相比制造业产业工人，服务业部门的员工利用工作场所的罢工威胁与雇主谈判的力量也相对下降。这些说明服务业主导的就业结构，无论市场层面还是工作场所，对雇主施加的约束越来越小，使得力量平衡向资方倾斜。经济结构日益以服务业为主导或许可以被认为“客观”或者“必然”，或者是资本生产和金融调整“无意识”的结果，但是后果是越来越自由和权力越来越大的资本。

金融资本和部门的急剧膨胀，已经成为美国的标志之一。20 世纪 90 年代，美国的金融化现象就吸引了调节学派学者的注意力，学者们指出美国新的积累机制已经转变成金融主导，制度形式的等级关系也随之发生了变化，金融制度而不是稳定雇用关系扮演了核心角色，在充分金融化的环境中，国家监管发生了相应的改变，中央银行的货币数量控制取代财政政策成为宏观调控的主要手段，中央银行扮演了更重要的角色（Boyer，2000）。一些具体的数字表明金融化在美国经济系统中的核心角色，如花旗“创造”利润中的3/4来自欧洲、亚洲和拉丁美洲（卡西迪，2011）。金融系统有力地支撑了美国对全球剩余价值的掠夺。美国的养老金计划和个人退休账户支持了美国股市约37%的市值（施嘉芙，2017），这也就意味着美国的股市绑架了美国工人的未来，劳动力再生产被裹挟进金融化进程，美国工人可能更不愿意生产停滞，越来越无法挑战资本家的利益。海因等（Hein et al.，2017）对美国金融和经济数据的分析表明，虽然经历了短暂的低谷，金融危机之后美国的金融盈利迅速恢复，诸多关于金融化的指标依然表现良好，金融部门的增加值在总产出的份额实现了增长（尽管很轻微），金融部门相对于非金融部门的利润率比值也实现了增长，财产净收入占国民收入的比值也恢复了增长。也就是说，金融危机之后，金融化的趋势并没有被修正。美国的金融资本牢牢掌控了公共领域内的话语权，政府不仅推进放松金融市场管制，也担负起了危机时期紧急救助金融系统的责任，强化了资本的支配地位。就2008年金融危机相关的法律违规案件罕见地得到了正式审判，2015年6月，银行和诉方达成了1000亿美元的庭外和解，没有更重的人身处罚而只是处以罚金，侧面反映出法律制度对金融机构需要违法以获取利润的赞同，而相当数量的罚金最后很可能又被合法地申报为营业费用（Streeck，2016）。以上这些例子表明金融化显著提升了美国资本在国内政治经济运行中对劳工的支配地位。

与美国资本、雇主权力膨胀形成对比的是美国工会运动的显著衰退。工会雇员覆盖率的下降很好地呈现出美国工会衰退的数据。如图3-2所示，工会会员率迅速下降，尽管在20世纪70年代后期有所回升，但进入20世纪80年代后保持着持续下降的趋势，到如今美国的平均工会密度在10%左右徘徊。但是美国的工会运动衰退比平均工会率的下降表现得更严重。美国不同产业和部门的工会组织发展很不均衡。参考迈耶（Mayer，2004）对美国不同产业部门工会组织的统计情况，本书制作了美国不同产业的工会密度图（见图3-5）。公共部门和运输、通信和公用事业部门的工会密度尚可，处于25%的水平之上，制造业的工会组织差不多处于15%的水平，但是私人住户服务、零售批发业的工会组织情况十分惨淡，在5%的水平上，然而在美国该产业却是创造就业岗位的主要产业。根据美国全国零售联合会（NRF，2017）的报告，每四个美国工作岗位中，就有一个由零售业及相关企业创造。该报告把联合会所代表的企业和行业称为美国最大的“工作岗位生产商”之一。值得一提的是，这份报告展示了零售联合会的“创新、信息和激情”，也展示了它们所代表雇主的权力和意识形态。与欧洲大陆雇主协会是劳资集体谈判的重要参与人不同，在美国，像NRF这样的雇主组织，并不代表雇主参与到集体谈判中去，它们是企业家协会，主要职能是政治游说、生产“资本”的意识形态，它们的长期使命，如卡茨和柯文（2016）指出的，是防止其成员企业的雇员联合起来组成工会。

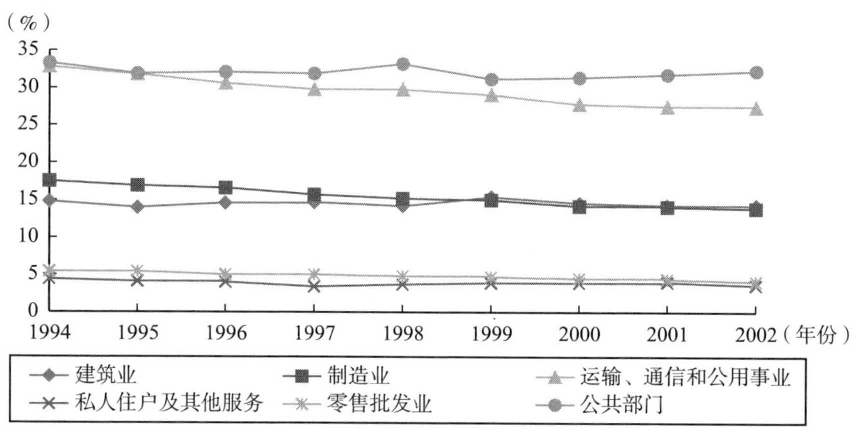

图3-5　美国不同产业的工会密度情况（1994~2002年）

资料来源：Mayer G. Union membership trends in the United States [M]. Washington, DC: Congressional Research Service, 2004.

另一个支持美国劳工运动衰退的统计数据是罢工次数和参与人数。在美国这样依靠罢工而不是协商解决劳资诉求不对称、促成劳资一致达成的地方，罢工数据是很好地展示工会组织能力的数据。如图3-6所示，进入20世纪70年代，美国的劳资冲突开始减少，尤其是20世纪70年代初到80年代中期，罢工数量和牵涉的人数显著下降。这显然不是因为美国劳工地位上升，而是与工人运动组织能力衰落相关。20世纪 90 年代末期，在工会和社会团体的组织下，处于生产性服务业“低端”的清洁工人发起了“清洁工公正权益运动”，最终雇主妥协，提高了薪资。尽管这一次赢得了胜利，但在缺乏稳定长期的政治性力量（工会）的保护、没有正式的制度依据的情况下，这种胜利的成果又能够维持多久？争取胜利的成本有多大？

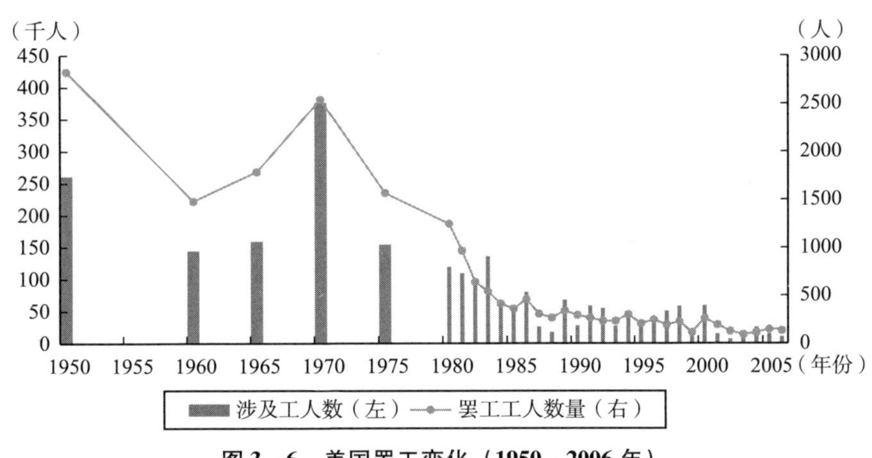

图 3－6　美国罢工变化（1950～2006 年）

资料来源：哈里·C. 卡茨，托马斯·A. 科钱，亚历山大·J. S. 科尔文. 集体谈判与产业关系概论［M］. 东北财经大学出版社，2010。

尽管全国工会联盟劳联—产联对工会的领导力只是形式上，这一体系的分裂和冲突也日益公开化。2005 年，几个服务业工会从劳联—产联分离出来，组成新的联盟“变求赢”（change to win），以适应已经发生变化的产业环境，发展自身的行动目标和组织理念，但独立出来的工会联盟不仅缺少劳联—产联的资源支持，也尚未形成有效的组织力量。2009 年，“变求赢”联盟的内部也发生了分裂。木匠工会独立出来。“变求赢”的附属工会 UNITE HERE 的 1/3 成员加入服务业雇员国际工会，UNITE HERE 和剩下的成员又重新回到劳联—产联系统。根据德布齐（2006）的研究，美国工会运动如今的焦点应是那些聚集在服务业待遇最差岗位的工人，这些工人要求基层工人代表的民主形式，这种民主形式与传统工会的官僚式和等级制相悖，也要求跨工会合作以及同社区、宗教团体和各种社团合作，而这与传统工会的各自为政相悖。对美国传统工会来说，他们还处在艰难的抉择和转型过程中，无法承担新型工会运动的重担，同时，社会型工会组织还处在新生阶段，在组织方式、资源构建以及行动策略上还需要建立可持续性，以探索新型的劳工运动。最近的工人运动案例是发源于2012年的“为15美元而战”的生存工资运动，这次运动被称为史上最大的快餐工人罢工，参与者涉及餐饮服务、家政服务、零售服务等低薪服务业工人。一些进步的州提高了最低工资，奥巴马领导的民主党绕过被共和党控制的众议院，把2014年最低工资议案提到参议院进行投票表决，但是在雇主和共和党的强硬对抗下，最终的结果是2014年最低工资议案失败。立法的失败表明“为15美元而战”的工人运动并没有取得多少成功，最起码在联邦层面是失败的。

3.2.2 宏观层面上劳资关系放松管制的动态

劳资力量对比的动态潜在推进了劳资关系放松管制。在雇主、工会和国家的相互作用中，美国劳资关系体系普遍去管制，形成了无工会的雇用系统。这个进程中，强大的雇主和积极推进“新自由主义”政治经济实践的政党向传统劳资关系系统发起了强势攻击，不断衰退的工会处于守势，根本难以应对。

20世纪70年代，产业关系系统是在雇主、工会和政策制定者之间类似于僵局的稳定中衰退。在集体谈判覆盖的工会工厂，劳工还能争取到雇主较多的让步。民主党总统卡特和工会在1977年试图改革劳动立法，提高对罢工者的保护，抵制雇主对工会的报复性行为，以打破僵局，但是在资方和共和党的强烈反对和阻挠下，劳工法修正案最终被参议院否决。不过，同年通过了公共服务改革法，成立联邦劳工关系署（FLRA），用以监督、管理联邦政府部门中的劳动关系。20世纪70年代，维护产业和平以及劳动力稳定大体上还有一个约束性框架，工会和集体谈判还发挥着制衡作用。例如，20世纪70年代后期，通用汽车公司接受了汽车工人联合会的要求，终止了迁往南方建立无工会工厂的计划，作为回报，代表所有汽车生产工人的汽车工人联合会同意在现有的框架下，由工会推进工作—生活质量以及其他工作场所改革措施，以提高生产效率（卡茨等，2008）。

但是20世纪70年代社会保障制度方面的政策推进明显不利于劳工

群体，减少了工人福利，在政府政策中开启了“自由化”的实践。例如，1974 年，雇员退休收入保障法通过，以补充社会保障中的公共养老金计划（其可持续性当时面临着财政压力）。1974 年的法案规范了私人养老金计划，并创建了一家准公共保险公司来降低固定收益计划的风险，以尽可能减轻破产的不利影响。该计划看起来像公共体系，但是明显更有利于高薪收入阶层（Hacker，2004）。1978 年的税收法案增加了第 401（K）条款，该条款建立了缴费确定型①的养老金模式。此后，雇主逐渐摆脱待遇确定型模式，积极采纳缴费确定型计划，而后者事实上把大部分的投资风险置于工人身上。随后里根总统上台，“自由化”的政治经济实践开始全面落实。减税、减少政府开支、去监管、全球化、打击劳工运动，这些构成了里根的资本积累政策和战略。1980 年的竞选宣传中，里根总统承诺只对社会保障进行微小的调整，但是 1983 年依然通过了重大的退休金紧缩法案，通货膨胀调整延迟六个月，退休年龄由 65 岁提高至 67 岁，以同里根政府的减税计划相调适（后者是他们坚定不移的目标）。不过，因为美国权力的分散、公共支出在联邦和州两个层面上，并且联邦支出很多由宪法保护，里根对美国福利体系大规模拆解的完成度不高（King & Wood，1999）。但是里根总统对劳工运动的拆解完成度比较高。

20 世纪 80 年代，经济衰退、失业率上升以及新自由主义意识形态为劳资关系迅速去管制提供了有利的环境。美元升值又削弱了美国制造商的竞争力，煤矿业和卡车运输业公司数量大幅减少，高度工会化部门开启了大规模的临时解雇，结果是工会成员大幅下降。1981 年 8 月，公共部门工会航空交通管理员工会（PATCO）举行罢工，要求改善福利和工作条件，但是他们的雇主——联邦政府的代表——里根总统以罢工人员违反了雇用合约中的禁止罢工条款为由，解雇了一万多名罢工者，并且强势地要求永久禁止复职。政府集结了来自军队的航空交通管理员、管理人员和其他并没有参与罢工的人员，以替代罢工人员，维持空中交通系统的正常运行。事件结束后，PATCO 也被劳工关系局取消。通过应对此次 PATCO 罢工，里根采取的方案最终把罢工人员的永久替

① 待遇确定型模式（defined benifit）以年金形式支付，在计算数额时参考雇员的薪资和服务年限。而缴费确定（defined contribution）型计划由雇员和雇主缴费资助，雇员控制这些缴费的投资，对资金有更大的控制权，也承担更大的风险。

代合法化。里根的举措为雇主树立了典范，鼓励雇主通过雇用其他人员永久性地替代罢工员工，或者说解雇罢工员工，来打击工人罢工。这极大地削弱了工人的政治权力，对美国工人来说这更是致命的，因为罢工是他们唯一的武器。麦卡廷（McCartin，2006）尖锐地指出这次罢工并不是美国历史上最大的罢工，但是在美国劳工运动衰落的年代，为美国劳资关系之后的发展奠定了基调。此外，里根政府打击公共部门工会PATCO罢工的行动赢得了民意，他成功地动员了处境艰难的私营部门工人，为反对联邦罢工的强硬立场争取了民意支持，强化他的民粹主义主张（McCartin，2006）。这也是一个通过瓦解阶级团结利用阶级内部冲突来赢得胜利的典型案例。1983 年 5 月，共和党控制了全国劳动关系委员会的多数席位，NLRB“相当蓄意”地削减了劳动关系法案的集体谈判授权，比较引人注目的裁定包括：1984 年奥蒂斯升降机 Π 裁定（Otis Elevator Π，269 NLRB 891，1984），削减了雇主在决策之前要同工会谈判的义务；1982 年密尔沃基春天 Π 裁定（Milwaukee Spring Π，265 NLRB 206，1982），允许雇主在合同期内转移工作，即使雇主的行为背离了已签劳资协议中的规定（Odah & Cuthcer - Gershenfeld，1997）。里根为恢复美国雇主不受管制的自由提供了足够多的机会，不过 20 世纪 80 年代传统制造业的大规模裁员还是引发了公众关注。为了回复公众的关注，国会于 1988 年通过了工人调整与再培训告知法案，要求雇主提早发布停产通知、增加再培训机会，以减轻工厂关闭和大量裁员对工人的影响。法案其实没有太多意义，工人最终还是被解雇，美国政府对制造业中被解雇的员工的回应只是形式上的。

里根政府任期，不利的经济环境以及里根和雇主对工会运动的攻击积累起来，重创了传统劳资关系的基础，美国工会部门和它们不断萎缩的权力根本无法在传统产业中恢复，工会更难以应对经济结构变迁的挑战，难以在外围产业和新兴产业中拓展工会，无法发展集体谈判。留给 20 世纪 90 年代的是一个萎缩和碎片化的集体谈判体系。

进入 20 世纪 90 年代，传统制造业继续衰退，政府的复苏方案旨在发展高新技术产业，旨在提高效率，旨在削减财政赤字。克林顿政府任期的政策表明他无意重新恢复工会体系和集体谈判系统，虽然他曾尝试恢复卡特总统时期改革劳动关系法的法案（该法案依然以失败告终）。劳资关系继续放松管制成为难以逆转的趋势。克林顿推行的旨在促进就业的积极劳动力政策也进一步加剧了劳资关系的放松管制。

克林顿任期劳动力政策的重中之重是1996年通过的个人责任和工作机会协调法案（1996 Personal Responsibility and Work Opportunities Reconciliation Act）。法案的推出旨在促进就业，或者从另一角度看，即解决因“创造性破坏”（产业结构变动）引发的结构性失业问题。法案通过强调求职（而不是培训），限制和制裁失业福利申请人（而不是无条件的权利）以及由就业服务中心、市场机制和地方雇主形成的灵活性框架来规范调整劳动力市场（Peck，2001；Greer，2016），奠定了美国工作—福利制（Work-welfare）的基本要素。事实上，早在1981年，社会保障整体拨款法就已经开始鼓励各州推行自己的工作福利计划（King & Wood，1999）。按照杰索普对积累的管理体制的划分，该法案以及它所确定的工作—福利制标志着美国熊彼特工作福利制管理体制的成型，劳动力政策失去了本身的价值，变成了经济政策的附属。

法案的结果差强人意，也远远没有达到它的支持者认为的那样“人道”和“有效益”。根据派克和西奥多（Peck & Theodore，2000）的研究，工作第一的政策并没有实质上解决就业问题，它产生的影响是把劳动力市场不稳定就业的风险和重担从国家再分配给失业群体；在劳动供给方面，因为失业福利紧缩，原本依赖福利的群体只有过渡到低工资工作这一选项，这种“工作激活”的结果是创造了强有力的临时工作劳动供给；在需求方面，工作福利计划短期内并没有提高劳动需求总水平，只是在既定的需求条件和现有的市场标准下，对寻找工作的队伍重新洗牌。长期来看，强制的工作福利计划和去监管、弹性的“低端”劳动力市场之间逐渐显现出功能上的互补性，引发低薪劳动力市场拥挤，对工资和监管标准产生下拉影响，增加了长期技能退化的风险（Peck & Theodore，2000）。国家政策一方面刺激新兴产业带动资本增殖，加速产业变迁，另一方面通过工作—福利制以保证劳动力再生产。劳动力市场弹性上升，弱化了劳动力的整体地位，强化了劳动力对资本的附属性。考虑到工会的反应滞后于产业变迁，不稳定就业的工人和临时工更难以形成工会，政策塑造的弹性劳动力市场加速了劳资关系的去管制。20世纪末期甚至更早，美国劳资关系已普遍放松管制。

2008年的金融危机，对新自由主义意识形态和资本的全球化造成了一些困扰。但是奥巴马的为政举措延续了熊彼特式工作福利制，旨在提高国家竞争力，旨在服务于先进制造业，他的一系列制造业计划蕴含着浓厚的霸权愿景。与奥巴马先进制造业复兴计划相配套的是高技能创新人才，这些雇员本身就属于核心工人行列。患者保护与评价医疗法案（Patient Protection and Affordable Care Act）也耗去了奥巴马和民主党太多精力，以至于他们可能没有精力在劳工问题上有所作为。事实上奥巴马也无力对基本放松管制的劳资关系进行多少修正，他只能在个别案例上修正雇主对雇工的滥用权力。2007～2013 年，国家劳动关系委员会的最高委员会长时间面临着人数空缺的问题，五个席位的委员会中只有两名成员。在三名成员离任前，委员会达成协议成立三人小组，由该三人小组执行委员会的职责和功能，也就是说，如果在任的两名成员意见一致的话，他们就可以做出决定，委员会还可以运行。2008 年 1 月～2009 年 9 月，在任的两名成员共裁定了 400 例决议，但是 2010 年 6 月，最高法院认为两人的委员会没有权利做出任何决定，因此推翻了这 400 例决议。面对基本无工会、放松管制的劳资关系系统，2014 年的最低工资法案最终以失败告终。特朗普凭借“制造业回归”等一系列民粹口号成为美国总统，他认为自己的政策能够为美国人重新夺回“好工作”，进而解决美国制造业空心化和工薪阶层不稳定就业的压力，但是从制造业总体就业数据来看，他的政策并没有产生实在的效果。经过几十年的发展，从宏观层面上看，美国劳资关系体系基本稳定在放松管制的状态里，竞争性市场在工资安排上发挥着决定的作用，低收入群体的工资难以满足生活所需，不得不依靠超时工作或者是政府食品券生存，他们的技能也进一步退化。劳资关系放松管制的不利后果之一是美国收入分配不平等的加大，最近几十年生产力提高带来的经济增长大部分流向了资本。

3.2.3 工作场所劳动力管理实践的发展

对宏观层面劳资关系放松管制历程的分析表明，自 20 世纪 70 年代以来，美国劳资关系演变的最终结果是集体谈判急剧萎缩，尽管工会参与的工资谈判还零散分布于自由市场中，竞争性市场在工资协调上发挥决定性作用。这一节的分析进入工作场所，描述美国劳动力管理实践的演变。

自20世纪70年代，福特制趋于破产，替代福特制的是精益生产体制。精益生产方式在实践中发源于日本汽车制造业，但是它的理论化来自美国管理学学者的努力。根据沃麦克等（1990）的归纳，精益生产是一种及时系统（JIT），实现对用户需求的零时反应，强化生产流程的高度协同和高度效率，在组织设置上，精益生产把最大量的工作任务和责任分配给核心工人，由这些核心工人主导生产过程，当生产系统某个位置出现问题时，这些核心工人能够迅速确认并提供解决方案。精益生产是弹性积累体制在工作场所劳动过程的表现。与大规模生产方式相比，精益生产方式创造了更高的效率，也压缩了成本，是提高剩余价值更好的方法。精益生产在美国的汽车制造业得到了推广，然而美国的汽车生产商们采纳了精益模式削减成本的措施，并没有提供日本版本提供的稳定就业政策和保证。

变革时期往往与混乱和各种“试错”相联系。美国雇主们一直进行各种管理创新，修正传统工作场所的“管理特权”，引入各种形式的员工参与，以适应精益生产，促进工作场所的劳工合作以提高生产的稳定性和效率。1979年在福特公司和汽车工人联合会的集体协议中，引入了“雇员参与”的条款。被美国雇主们尝试的雇员参与形式主要有四类：①在几家钢铁公司推行的委员会实验，委员会由工人、管理人员和工会三方构成；②模仿日本同行的质量圈实验，不过质量圈方案要求雇员在工作时间之外聚会以讨论生产问题，遭到了工会强烈反对；③雇员持股实验；④共同管理实验，共同管理实验也以失败告终，汽车工人联合会的主席在克莱斯勒的董事会任职期满后再也没有回到董事会（米尔斯，1994）。为了更好地提取剩余价值，美国制造业雇主们进行的工作场所管理实验不仅带有日本同行的影子，也带有德国同行的影子，不过在美国面临着严重的“水土不服”，也没有多少可持续性，更不用说把这些委员会结构、共同管理推向实验企业之外。随着制造业的衰退，相比整个经济体量来说，美国汽车产业领域的管理创新并不具有代表性。

以上的工作场所管理创新，工会扮演了重要角色，是工作场所“工会代表”工作管理的具体实践，这些管理实验的消逝也标志着美国工作场所“工会代表”模式的衰退。如今，即使在一些工会覆盖的部门，工会也逐渐退出工作场所，强化了管理层的单边主义（Thelen，2001）。

由于工会系统越来越丧失工作场所的合法性，越来越不再被用于工作场所控制和稳定劳动力，它不仅对雇主的吸引力越来越低，也对雇主产生抵制工会制度的激励。与之相对，作为管理方控制的人力资源管理却进一步成熟，或者也可以被称之为更为“人性化”，得到了迅速发展和推广。根据寇肯等（2008）的研究，两个动力的相互作用促进了人事政策的流行，一方面是从来没有工会化的传统企业对工会部门压力作出的人事管理反应，另一方面是20世纪70年代高科技企业中人力资源管理的开拓性进展。在人力资源管理的发展中，国家发挥了示范性作用，美国高科技私营企业的发展得益于冷战时期美国的高科技战略，最先也是在国家资助的研发部门推行更“人性化”的人力资源管理实践，以更好地适应研发需求和鼓励创新。因此，20世纪六七十年代，人力资源管理对工会代表管理实践的替代优势已经明晰化了，在人事管理和工会代表两种劳动力管理方式之间的“竞赛”中，作为人事管理更“高端”版本的人力资源管理最终战胜了不完善也从没有成熟过的美国工会代表模式。

人力资源管理这门学科很好地总结了以人事管理为代表的美国工作场所管理的发展历程：人力资源管理最早可以追溯到20世纪初期的劳动力管理实践，这个时候还被称为科学管理，随后进化成人事管理，20世纪60年代则最终成型为人力资源管理，但是不具备普遍性，到20世纪70年代这段时期，两个概念还交替使用，直到20世纪80年代，人力资源管理的相关实践最终被企业界认证为一种更为“人性化”的管理制度，迅速流行，人事管理的称谓随即退出历史，到20世纪90年代，名称上的改变最终落实到美国商学院的专业和课程设置中（伊万切维奇等，2011）。

在典型的教科书中，也能够找到人力资源管理的一般框架（德斯勒，2000；伊万切维奇等，2011）。从这些框架中，能够捕捉到人力资源管理的一些“本质性”要素。毫不意外，人力资源管理所要实现目的是更好地管理工作中的劳动力，效率是第一位的。对劳资关系、雇员健康和安全以及公平等问题的有限关注，是为营造激发工人效率和创造力的环境，以达到提高企业经营效率的最终目的。美国人力资源管理还遵循着“分工原则”，不仅十分专门化，通常由专门的人力资源经理负责，还逐渐发展出了一个专门的外包市场，部分人力资源管理的功能可以在市场上购买（伊万切维奇等，2011）。围绕着“改进公司财务和经营绩效”，美国人力资源管理提供了多种多样的创新实践。相关实证研究也确确实实证实了人力资源管理对企业绩效的贡献。例如，休斯理德（Huselid，1995）的研究指出投资于高绩效工作实践[①]的回报十分显著，高绩效工作实践改进一个标准差会使人员流失率降低7.05%，销售额增加27044美元，市值和利润分别增加18641美元和3814美元。他们的研究得出，公司确实可以从人力资源管理实践投资中获得大量的财务利益。

从“效率”上描述人力资源管理采取的是雇主视角，可是经济社会不是只由“雇主”构成。从社会的角度看，人力资源管理和19世纪的科学管理，拥有共同的控制核心，确保管理“自由”，人力是一种生产资源和投入要素，以达到更有效益的产出。本书不否认美国某个知名跨国巨头核心部门的人力资源管理实践充分保证了员工发言权，强化合作，赋权给员工，但这种模式在现实世界并不具有代表性。一系列“人性化”的管理设计和操作确实有助于维持企业劳资关系稳定，但是这种雇用稳定源于对雇主利益的考量而不是雇员利益，服务于企业效率和控制的目标。当外界环境发生变化导致企业不得不改变生产管理策略时，不稳定雇用又是雇主需要和渴求的了（但是稳定雇用更为符合雇员的利益），在这种情况下，人力资源管理又变成企业裁员和解雇的工具（并不能帮助雇员稳定就业）。人力资源管理模式的结果是，雇主成功地获得了效率和控制，同时把经济环境变化带来的风险和不确定性转嫁给雇员，又获得了灵活性。巴德（2004）明确将美国的人力资源管理定性成雇主的单方主义：因为在工作场所缺少监管或工会之类的制度性约束，无论是雇用条件还是工作场所规定和治理机制，都是由雇主单方面发起和推行；即使是尊重雇员发言权的管理模式，最终目的还是有利于组织的根本利益，在经济绩效和竞争力的准则下，如果管理方为了提高盈利，可以单方面改动雇用条件，发言机制也可能会单方面解除，争端解决程序的公平性依赖于极其不确定的管理方好意。因此，尽管人力资源管理可能比科学管理更“人性化”，但是并没有制度性约束雇主的单

---

① 高绩效工作实践或系统指的是提高组织有效性的一整套人力资源管理政策和实践，几项重要特征包括多技能工作团队、得到授权的一线员工、全面的培训、劳资合作、对质量和客户满意度的承诺等（德斯勒，2000）。

方主义和管理“自由”。在劳动力市场上，劳动力商品价格的决定方式充分保证了雇主的“自由”，而在工作场所，人力资源管理也保证了雇主的管理“自由”。

3.3 小　　结

20 世纪 70 年代前，美国的劳资关系还具备工会产业关系的框架，核心产业发展出了制度化的集体谈判，覆盖了 25% 的美国雇员，对经济系统仍发挥影响力，凭借企业层面集体谈判的灵活性，工会在工作场所还发挥着工作管理的功能，对管理的单边主义施加了制度约束，在非工会覆盖的部门，雇主发展出了管理方控制的人事管理。

与 20 世纪 70 年代之前相比，美国现阶段劳资力量对比明显更有利于资本。美国劳资关系也经历了明显的去监管。如今，集体谈判萎缩严重，竞争性市场在工资协调上发挥决定性作用。进入微观层面的工作场所，“工会代表”模式也逐渐萎缩，作为管理方控制方案的人事管理实践进化成人力资源管理，主导了美国劳动力管理实践。然而，人力资源管理以“效率”为准则，服务于企业的经营和财务绩效，具体实践取决于雇主，缺少制度性安排约束雇主“管理的自由”，是雇主单方主义的表现。

结合宏微观层面的劳资关系安排，工作场所的人力资源管理与工资安排的竞争性劳动力市场相互契合，形成了美国劳资关系的制度架构，并且这个系统目前看来强大且稳固。资本主义多样性理论把它称为自由市场经济模式的制度互补性，塑造了美国的竞争力。在另一些理论中，它被视为“最优路径”，其他国家也应该仿照这种模式运行。这一章的描述性分析表明，这种自由市场模式的制度互补性或者“最优路径”并不仅仅产生于“自生自发”的力量，背离了哈耶克这些新自由主义者为自由市场合法性辩护的核心要义——他们借用“自生自发”将市场描述为一个唤起了普遍同意的自然物，而不是制造同意的构造物。在这个过程中，国家政治扮演了重要的塑造角色。[①] 里根总统利用国家的

① 类似的想法中，最有原创性的想法来源于波兰尼（2007）对 19 世纪的自由市场经济形成的分析，他指出自由放任系计划产生。

力量打击劳工运动，重击了传统劳资关系的基础，克林顿搭建和积极推进的工作—福利计划刺激了低薪劳动力市场拥挤，由政策塑造的弹性的、低端劳动力市场刺激了劳资关系放松管制。国家在推进人事管理的发展中也发挥了积极的作用。理论上基于方法论个人主义①的微观分析能够推出任何“完美的”自由市场均衡，但显然现实是另一回事，其实现是一个具体的、历史的过程，涉及大量的可以被视为“宏观”的要素。不过，更重要的是，本章对美国劳资关系演变三个主题的分析呈现出，无论是劳资力量平衡显著向资方倾斜，集体谈判制度的衰落以及工作福利制的建立，还是人力资源管理的发展，都表明按照新自由主义规划追寻市场无为而治的均衡结果是资本权力的高度膨胀、资本对劳动的强支配。

① 当然哈耶克（1949）是强烈反对被经济学广泛使用的原子化的个人主义的。

第4章　德国劳资关系的演变

本章的具体安排如下：首先，大致描述早期德国劳资关系的发展，归纳出德国在20世纪70年代之前劳资关系系统的主要制度特征；其次，描述20世纪70年代之后劳资关系系统的演变，具体呈现出劳资力量对比的动态，雇主和雇主组织、工会和国家三者的政治互动下，社会伙伴关系宏观层面上的动态以及工作场所劳动力管理实践的演变；最后，总结德国劳资关系体系演变的主要特征。

4.1　20世纪70年代前劳资关系的发展和主要制度特征

1865年，美国南北战争结束，为资本主义发展提供了统一稳定的国家。与美国相比，德国的经历稍微复杂了些，历经了德意志帝国、魏玛共和国、第三帝国以及两德分裂。本节以第二次世界大战为分界线，分为两个历史阶段呈现出20世纪70年代之前德国劳资关系的历史、政治、阶级，并最后总结出20世纪70年代之前德国劳资关系的主要制度特征。德国劳资关系正式系统的发展始于第二次世界大战结束之后。但是从德国早期资本主义发展到1933年第三帝国登台是一段重要的历史，这段时期德国劳资关系的演变为理解德国劳资关系的正式系统提供了文化和历史上的知识。

4.1.1　第三帝国登台之前的政治、阶级和社会立法

1871年，德国终于结束领土分裂状态，由普鲁士邦国创立德意志帝国。不到50年，第一次世界大战又把实现德国统一的德意志帝国推

向末路。1918 年，德国历史上第一个共和国德意志国成立，1933 年纳粹党组建新政府，又终结了短暂的魏玛时代，1945 年，这个极端的民族主义政权随着第二次世界大战结束也终结了它的历史生命。不过，尽管国家政权动荡不安，德国却留下了具有自身特色的福利国家和劳资关系制度遗产，并在战后阶级、政治斗争与谈判中，逐渐成为德国社会市场经济有机组成部分。

1. 德意志帝国时代

19 世纪三四十年代，德国开启工业革命。资本主义在德国发展缓慢。当时的德国处于四分五裂之中，无法实现统一的市场，大大限制了资本主义的拓展。资本主义的进一步发展对民族统一的要求日渐迫切，但是在统一的潮流中，资产阶级无力承担此任。作为保守专制主义的代表，普鲁士邦国的首相俾斯麦完成了德国的统一大业。1871 年，统一的德意志帝国成立，德国的资本主义进入了迅速发展期。不过，保守专制政府的存在，或多或少意味着资产阶级并不是太“自由”。俾斯麦领导制定的帝国宪法保留了浓厚的专制色彩，宪法的制定主要是为了适用俾斯麦和威廉一世的统治，而不是推进资产阶级的政治权力。尽管帝国议会没有多少实质权力，但是普选产生的议会为政治活动提供了平台，对公众产生了广泛的吸引力，也促进了德国多党制的发展（丁建弘，2019）。为了控制议会，政治立场接近的党派通常结成联盟。

工业化造就了德国现代工人阶级，推动了工人运动的发展。全国工人联盟组织工人联合会以及工人阶级的政党相继成立，并在 1875 年合并，1891 年正式更名为社会民主党，同年成立了德国第一个产业工会——德国金属工人工会（邢来顺，2002）。尽管产业工会声明自身的独立性，但是与社会民主党依然保持着密切联系。早在 1869 年，在北德意志联邦，法律就批准了工人组织起来的权利（平森，1987）。但是，左翼工人运动和工人党的发展遭到了俾斯麦的镇压。1878 年 10 月 19 日，帝国议会通过了反社会主义法，实施期限起初设为两年半，但是一再延长。法令在俾斯麦强权下得到了严格执行，不过只是暂时压制了工人运动，大规模的罢工时时发生。除了左翼自由工会，德国还有希尔施—东克尔工会，由资产阶级进步党组织，19 世纪 90 年代后又出现了由天主教中央党支持建立的基督教工会。尽管三个工会的政治立场有冲突，但在争取工资提高的斗争中，这三个集团经常联合行动（平森，1987）。

工业化的发展也造就了各种各样雇主利益组织的蓬勃发展。德国雇主利益组织主要有三个类型：第一类是产业和商业商会或贸易商会，具有官方色彩，承担公共职能或半政府职能，对会员有强制性；第二类是商业或贸易协会，代表行业或地方利益；第三类是雇主协会，成立之初旨在对抗工人运动和工人阶级的威胁。在这三类雇主利益组织中，由雇主协会负责劳资关系事宜。1913 年成立了德国雇主协会总会。第二次世界大战后也依然由雇主协会负责劳资关系。德国企业往往参与多个雇主利益组织，形成了复杂的德国雇主利益组织网络。无论是工会还是雇主组织，德国各种利益组织与政党关系千丝万缕，通过影响议会平台上的政治斗争，从而达到影响政府决策的目的。

帝国时代，德国也开始了福利国家的尝试。德国的社会立法被视为俾斯麦的“蜜糕”战略，但背后的动力源自工人运动的强大压力。德国建立了各种劳工保险法，并且进行了多次修订。在疾病、意外事故、老年伤残保险立法中，由雇主承担保险费用的大部分。还通过了法律以规范工作场所条件，如童工法。德国还建立了面向失业工人的劳工介绍所系统。通过了“劳资纠纷法庭法”以处理劳资纠纷争议。1910 年，帝国法院肯定了劳资协议的法律约束力。所有这些使德意志帝国成为社会立法的国家楷模。至于德国资本家们对工人组织和社会政策的立场，他们的态度各不相同，有开明的企业家，也有“顽固且冷酷”的工业家（平森，1987）。但是，因为政治领域被传统的统治阶级控制，资本家并没有太多发言权，部分资本家的反感并没有对立法的进程造成太大阻碍，这些需要雇主妥协和利益让步的社会法案被坚定地贯彻下去（平森，1987）。

1890 年，反社会主义法废除后，工人组织迅速发展。同年，血腥镇压工人组织和社会民主党的俾斯麦离职，但是对他的继任者来说，打击社会民主党人和工人组织依然是重要的任务。在西伦（Thelen，2004）看来，打击的政治成果是 1897 年出台的手工业保护法。法案通过三个途径实现了保守政府打击工人运动的政治目的：第一，通过政治权力扶植手工业部门，以制衡社会民主党代表的工人阶级的力量；第二，立法把手工业协会纳入了半国营范围，在技能形成领域赋予手工业部门准公共权力，从而扼杀了工会在技工市场的控制权，打击了工会的力量；第三，长久来看，由于从该体系获得资格认证的技术工人逐渐补充工会系统，工会的兴趣就逐渐转向控制或者共管而不是摧毁厂内培训，工会也会尽量避免罢工这一选项（Thelen，2004）。就像俾斯麦的“蜜糖”策略为德国日后的社会政策提供了基石，以后的发展表明手工业立法建立了德国日后职业培训体系的一个基础。这个职业培训体系为德国培养了高技能劳工，被视为德国高端制造业的基石。总体来看，德国政府在构建福利国家体系和劳资协调系统方面起到了重要的作用。

2. 魏玛时代

第一次世界大战的结束标志着德意志帝国时代的结束。1918 年，威廉二世退位，君主制被推翻。1919 年 8 月，魏玛宪法公布，开启了魏玛时代，不过魏玛共和国并没有持续太久，1933 年，希特勒上台执政，魏玛共和国名存实亡。

魏玛时期，德国开创了诸多劳资关系制度，尤其是工作场所层面的企业代表会，为现代德国工作委员会的雏形。其实，早在第一次世界大战时期，军政府为了换得劳工的合作，就在企业中强制设立调解委员会，为工会代表和经营者就各种劳动条件进行商谈提供了平台（陈浩，2013），1920 年，魏玛议会则以立法的形式确定了企业代表会的合法性。随后，魏玛政府在全国各地设立了地区性协调机构以协调劳资冲突，并规定协调机构的政治裁定具有法律效力，也规定了国家可以对劳资冲突进行强制调解。比较来看，政府在调解中更倾向于工人的要求，工会的态度是积极的，但是因为调解倾向于雇员，起初态度暧昧的雇主变得越来越强硬，拒绝接受调解而采用闭厂手段对抗劳资冲突。根据邢来顺等（2019）的统计，1919～1923 年，闭厂和罢工的比例是 1∶10，但 1924～1929 年，这一比例变成了 6∶5，说明雇主对调解机制不满的增加。

魏玛时期也进一步推进了社会立法和保险体制。这些倾向于劳工的制度和立法减少了工人的不满，但是同样引发了资方的强烈不满。1929 年，萧条期的到来最终打破了繁荣时期的劳资妥协。魏玛政府置身于巨额债务之中，税收一再增加，资本家强烈的不满转化为行动，解雇和拒绝投资，结果是进一步引发经济衰退，劳资冲突进一步激化，魏玛政权的合法性摇摇欲坠。1933 年，希特勒成为总理，魏玛时代结束。

反观魏玛时期，尽管它的存在时间很短，并且诸多社会立法和劳资调解裁定看起来太过轻率，严重地打击了事实上掌握着资本主义经济命脉和就业岗位的资本家的“商业信心”。但是这些政策和法律框架的创新启发了战后德国在劳资关系上的实践。

综合帝国时期和魏玛时期，德国的资本主义历程留下了比较强大的劳工运动基础，也促进了各种雇主利益团体的形成，以及多种多样的政治党派，同时留下了一系列劳资制度和社会政策的实验和构想。尽管以上实践的合法性被纳粹权力摧毁，但是当纳粹权力被摧毁时，这些实验和构想又迅速恢复和生长。

4.1.2 第二次世界大战后德国劳资关系的发展

战败后的德国分别由美、英、法、苏四国占领，1948 年 6 月，美英法三国占领区合并，1949 年，在西部占领区成立了德意志联邦共和国。直到 1990 年两德统一，本节描述的区域对象是联邦德国。

联邦德国在政治上的稳定性和连贯性上表现相对较好，从 1949 年到 20 世纪 60 年代末期，偏保守的基督教民主联盟与基督教社会联盟掌权，多数情况下与自由民主党联合执政。执政的基民盟政府的主导思想是大力发展自由市场经济（宗特海默尔，1985），对工会和罢工保持敌意。工会和社会民主党作为反对派存在。从 1950 到 20 世纪 60 年代中后期这一阶段的德国发展，被称之为“经济奇迹”，工会运动取得了显著成果，虽然远离了建立公有制实现工人控制生产的构想，但以产业集体谈判和共同决定制度为核心的劳资关系二元体系初步形成。

1. 各种利益团体的恢复和发展

联邦德国的宪法规定了自由结社权，奠定了利益集团组织合法性的基础，还规定任何限制这种权利的决议自动无效（Mcilwee，2009）。第二次世界大战后，各种利益团体迅速恢复。1945 ~ 1950 年，现行雇主组织框架基本发展完成，这些组织在三大伞形组织下面结合起来，分别是德国雇主协会联合会/总会（BDA）、德国工业联合会（BDI）、德意志工商会（DIHT）。其中，BDA 负责集体谈判等劳资事务，而 BDI 定位于代表企业界对国家经济政策施加积极影响，DIHT 旨在协调不同雇主和雇主利益群体的利益。BDA 作为劳资事务的雇主代表方联盟，并不直接负责集体谈判，具体的谈判事务依然由分支雇主协会负责。在雇主协会联盟中，最有权势的分支机构是金属工业雇主协会（Gesamtmetall），对劳资协议的影响也最大。

1949 年，工会最终完成了重建工作。五金、纺织、化工、公共运输交通等 16 个产业工会联合成立了德国工会联合会（DGB）。在联盟系统内部，形成了联邦、各州、各县区的三级组织结构。工会的建立遵循产业工会原则，同一产业内的工人可以加入同一个工会，没有蓝领、白领之分。尽管 DGB 表明党派中立，但是却没有多少可信性，尤其是领导层和社会民主党关系密切。后来又陆续成立了德国职员工会（DAG）、[①] 德国官员联合会（DBB）、和基督教工会联合会（CGB）。但 DGB 依然是最大的工会联盟，囊括了全部工会会员的 4/5。

德国工会联合会负责游说政府等政治活动、为附属工会提供培训和法律支持服务、对工会之间的纠纷有裁定权以及负责同国际工会建立关系。工会联合会没有集体谈判权。尽管具备了严密的结构，德国工会体系的集中度并不明显，正如宗特海默尔（1985）指出，作为工会的中心组织，DGB 对个别工会的具体政策很少发言，德国工会体系的真正统治者是十六个单独工会的领导人。在德国工会系统中，最有活力最有权力的当属金属产业工会（IG Metall），工会成员来自汽车工业、电子产业、机械制造业以及计算机等高薪产业，不仅组织程度较高，也最为激进，因而在劳工运动中发挥了支柱作用。它的雇主对手是同样有权势的金属工业雇主协会。与美国相比，德国工会运动的优势还是很明显的，简单从工会密度数据上来看（见图 4－1），成立初期，工会的组织密度明显高于美国，尽管工会密度后来下滑，20 世纪 70 年代初工会密度维持在 30% 以上。

① 2002 年，DAG 后与 DGB 下属的服务性工会合并。

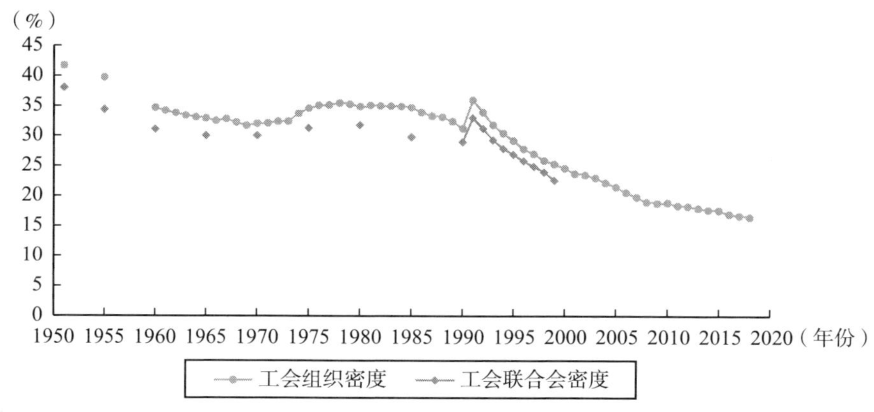

图 4-1　德国工会密度（1951～2018 年）

资料来源：以 OECD 数据库为基准，1951 年、1955 年工会密度数据和工会联合会密度数据来自瓦尔特·缪勒—延奇，彼得·依特曼．德国劳资关系 1950－1999：数据、时序及趋势［M］．知识产权出版社，2013。

2. 集体谈判和工作场所共同决策的推进

德国劳资关系制度的正式结构能够从各种立法中找到。对立法的偏爱，反映出德国政府“形式理性”的理念，有时也被称为“文牍主义”。1949 年，联邦德国颁布了集体合同法，以规范指导劳资双方的集体谈判，1969 年对该法又进行了修订。法律对集体谈判的一些基本条款进行了规定，重要的条款包括“强制扩展命令”，以防止雇主雇用非工会成员从而对工会雇员造成不利。根据此条款，由产业工会和雇主协会达成的集体协议，也可以拓展到所涉地区和行业内没有组织的雇主和雇员（魏斯和施米特，2008）。在具体操作中，是否执行强制扩展命令由相关的委员会协商裁定，委员会成员包括联邦或州劳动与社会事务部部长以及三个来自雇主协会和工会总部的代表，委员会通常基于集体协议覆盖面的地域范围和集体协议当事人的适用情况做出判断（魏斯和施米特，2008）。法律也提到了高度集中的集体谈判模式的可能性，如果雇主协会联合会和工会联合会拿到了成员组织的授权，可以代表成员组织签订中央层级的劳资协议，但是雇主协会和工会对权力全面集中化的模式不感兴趣，两个联盟的章程中也没有设置该授权程序（魏斯和施米特，2008）。

在具体操作中，德国的集体谈判协议分为两种，一种是“公司协议”，由工会和单个雇主签订，另一种是“区域性集体协议”，由工会和雇主协会订立，也被称为产业集体协议。因为产业协议的涉及面较广，协议的内容和标准需要考虑特定行业小公司的承受能力，往往要保持一定的模糊性。产业协议也受到了很高的关注度，因而谈判的各方必须负责任地进行谈判。大多数情况下，企业层面由管理方和工作委员会进一步确定的福利和条件会高于产业协议的标准，但是这种工资“漂移”是非公开的，以维护产业团结。学者哈塞尔（Hassel，1999）指出，德国企业非正式和私下的协商是在缩小工人阶级工资差距的政治目标和公司实际差别之间建立桥梁的一种方式。与公司层面的协议相比，产业集体协议在德国占优势。按照法律规定，雇主协会的所有会员企业必须服从协会与工会商定的集体协议条款（科勒和科斯齐，2016）。通常先由最有权势的金属产业部门进行劳资协商，它们制定的协议被设定为模板，其他产业在金属产业劳资合同达成的工资、工时标准范围内浮动。德国劳资关系模式的制度特征之一就体现在这里，即产业或部门层面的集体谈判。

产业层面的集体谈判对工会和雇主来说是双赢。工会可以实现同一职位同一工资，减少了工人之间的工资差异；对雇主来说，集体工资一般设置在行业最低水平，也就实现了工资节制，也有助于雇主把工资策略排除到竞争策略之外，雇主还可以协调起来通过大面积闭厂以应对德国激进的产业工会的罢工。总体来说，德国集体谈判的覆盖面不取决于工会密度，而依赖于雇主协会的雇员覆盖率。图 4-2 展示了德国集体谈判的覆盖程度，在整个20世纪60年代，几乎85%的雇员被集体协议覆盖，远远高于美国。

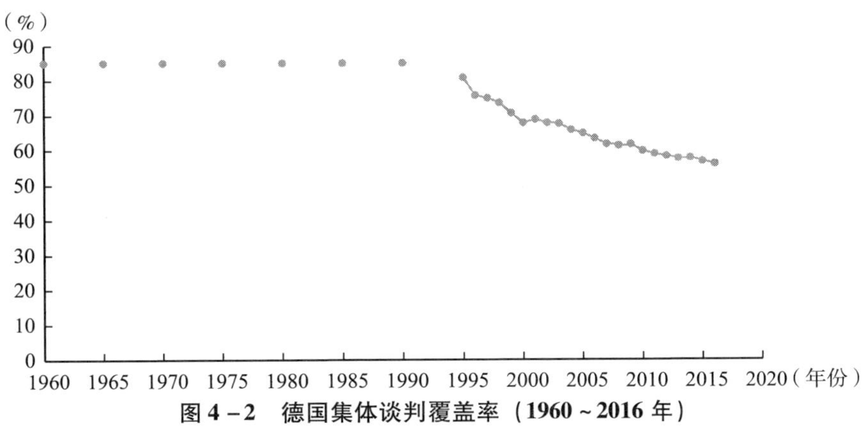

图 4-2 德国集体谈判覆盖率（1960~2016年）

资料来源：OECD 数据库。

德国集体谈判的特色还表现在德国工会热衷于减少工时，并且取得了显著成果。如图4－3所示，通过对比美国、瑞典和德国的工人工时，如今德国已是全球工时最少的国家之一。工时斗争策略[①]可能根源于德国社团型工会在资本主义生产方式的现实条件下形成的工会运动路线。作为社团型工会，德国工会承担了更多的政治和社会使命，也担负了更多的“阶级使命”，追求“团结一致”的工资政策。然而，根据斯文松（Swenson，1989）的研究，资本主义生产方式下的“团结一致”的工资政策面临三难困境：分别是内部拉平，即在工会内部或联盟内部平衡工人工资和福利；外部拉平，要么通过与雇主谈判争取更多的分配份额，要么通过压制不同工会之间和联盟之间的工资差异，使工人的工资和福利更平等；最后是充分就业。在斯文松（1989）看来，三者之间存在系统冲突，是不可能三角形：在资本和劳动这一基本的社会阶级结构中，限制了工会在不牺牲其他平等目标的条件下从资方争取更多工资的能力；在工会与工会之间的水平结构中，受到各种导致低薪群体工资

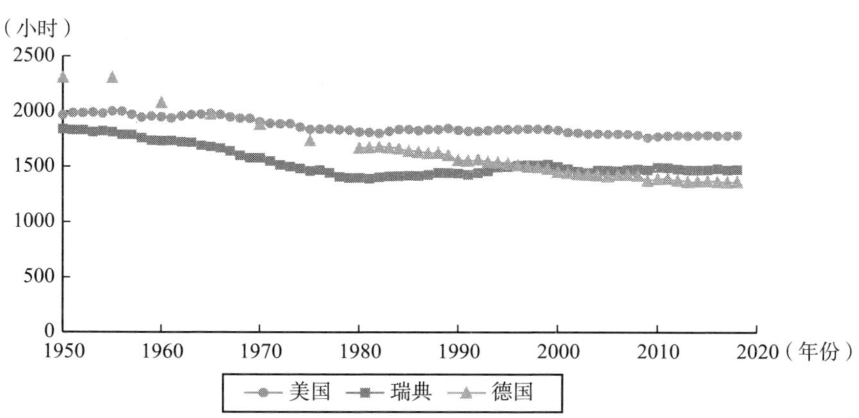

图4－3　美国、瑞典、德国三国工人年劳动时间（1950～2018年）

资料来源：OECD数据，1950～1990年德国数据来源于瓦尔特·缪勒—延奇，彼得·依特曼．德国劳资关系1950－1999：数据、时序及趋势［M］．知识产权出版社，2013。1950年和1955年工时数据是劳资协议规定的工人年劳动时间，一般情况下，实际工时比协议工时低。

① 争取工时缩减一直是工人阶级斗争的目标之一。

相对下跌的经济强制因素的限制。德国的工会比美国工会团结，但是并不是足够团结（同瑞典相比），没有形成中央谈判机制，金属产业工会同 DGB 以及其他工会存在矛盾，同时 DGB 也不具备管理这些矛盾的强制力。强大和激进的金属产业工会争取到了雇主更多的让步，但是纺织和服装等低工资工会难以复制金属产业工会的成功，结果是在工会运动中发挥模范作用的金属产业工会逐渐转向工时缩短以平衡工资和失业（Swenson，1989）。综合来看，争取工时的斗争策略是一种"均衡"方案，不需要雇主更多让步，也不会引发工资不平等上升，或者是对就业产生不利影响，并且在工时上的成就也容易复制推广到其他经济部门，从而维护了"团结一致"的目标。

德国特色劳资集体谈判还有一个特征是罢工受到法律的严格规制。政治性罢工是违法的，政治性罢工违法的规定源自 1968 年的紧急法案，尽管遭受了各种反对意见和民众抗议，紧急法案依然在议会通过，并相应在德国宪法中新增了一条规定以与紧急法案调适。紧急法案规定工会政治罢工违法，此时，工会的斗争目标"被迫"一步步地退化，从实现经济民主化、建立公有制的改革目标最终退守于工资政策。于是，德国工会变成了现代有组织资本主义制度稳定器的一个部分。按照劳动法以及联邦劳动法院判例的规制，合同期间，劳资双方有和平义务，只有在现行的合同期满和新的合同开始之前，工人才可以罢工，并且只有工会才有权利发起罢工（魏斯和施米特，2012，2008），不是由工会组织的野猫式罢工不受宪法保护，罢工人员面临解雇的风险。德国的罢工历史以及法案塑造了德国特色的罢工流程和劳资冲突模式，也就是说看不出什么发展趋势，但是有周期性（见图 4－4）。通常来说，德国传统罢工方式的流程可以被划分为四个步骤：第一步，意见征询，工会询问会员是否准备为尚未达成的工会诉求开始罢工，只有一定比例的会员同意，工会才能开展罢工，金属工业工会的基准线是 75%，其他工会是 50.1%；第二步，开展罢工行动，通常持续一两周，甚至六周；第三步，回到谈判桌上继续谈判；第四步，如果谈判结果依然不满意，则返回到流程第一步（多伊普勒，2013）。在罢工期间，工会向参与罢工的员工支付罢工补助，但仅限于工会会员，据悉这一规定经常导致雇员临时加入工会（多伊普勒，2013）。总体来说，尽管德国工会十分激进，但德国的罢工率低于其他工业化国家，罢工是促使劳资谈判的手段，谈判进程有时异常艰难，双方的初始立场分歧总是很大（有时候可能仅仅是策略而已），但妥协最后总能达成。自从 20 世纪 50 年代以后，随着德国工会放弃了社会主义的改革方案，变成了有组织资本主义中的一部分，罢工的行为进一步也得到了法律的规范。因此，代表雇员利益的工会和代表雇主利益的组织也就往往把对方视为社会伙伴，认为劳资双方可以通过形式化和制度化的双边关系框架达成一致（菲瑟和鲁塞弗尔达特，1995）。

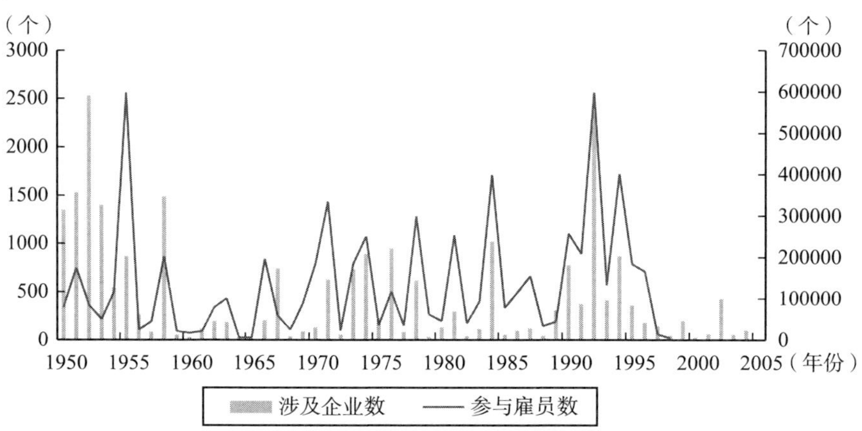

图 4-4　德国的罢工情况（1950～2004 年）

资料来源：瓦尔特·缪勒—延奇，彼得·依特曼. 德国劳资关系 1950－1999：数据、时序及趋势［M］. 知识产权出版社，2013；曼弗雷德·魏斯，马琳·施米特. 德国劳动法与劳资关系［M］. 商务印书馆，2012。

集体谈判在产业层面发挥作用，通过社会、产业和公司外的各类机构以及自愿组成的工会组织为工人利益发声。在公司内部，则引入了共同决策制代表员工利益。企业中的共同决策制同样由立法确认，1951～1955 年，三部劳资共决法通过，不过，萨松（2008）指出，这三部劳资法律只能说是被阿登纳政府“勉强”承认。雇主并不愿意在自己的工厂中推行劳资共决，这显然影响了政治进程，1950 年，在经济部长艾哈德起草的一份法案中，计划取消矿冶领域内实行的企业监事会共决（矿冶领域内的企业监事会是英占区时期创立的制度）（施奈德，1989）。取消企业监事会共决的举措激起了工人的强烈不满，为了反击这一进攻，工会决定采取罢工行动以捍卫监事会共决制度。1950 年 12

月和 1951 年 1 月，金属工业工会和矿山能源工会分别就是否采取罢工行为对雇员进行了意见征询，结果 96% 的钢铁工业工会会员以及 92% 的矿业工业工会会员支持罢工主张以保障和扩大他们的共决权利，意见征询显示出工会的斗争意志，给新政府和雇主施加了足够的压力，把政府、雇主拉到谈判桌上，同工会展开三方谈判，随后于 1951 年 4 月，煤钢共决法通过（施奈德，1989）。然而此次矿冶共决冲突中工会使用的罢工威胁和意见征询多次受到批评和指责，保守派认为工会的行动胁迫了议会，同样是在工会准备采取罢工行动的压力下，阿森纳建议进行新一轮谈判，最终于 1952 年通过企业组织法（施奈德，1989）。1955 年，德国政府通过员工代表法，共决制被推广到公共部门。在 1968 年紧急法案的视角下，德国工会 20 世纪 50 年代为推进员工共决采取的行动明显违法，不过正是工会激进的行动为德国工作场所员工共决引入了立法的保护。

这些通过的法案所允许的工业民主，明显低于工会的斗争目标。煤钢共决法与斗争目标较为接近，规定在职工超过 1000 人以上的煤钢企业中，成立劳资双方对等参加的监事会，实行人事、劳动条件和福利等问题的“共同决定”。监事会成员的一半由股东代表组成，另一半由包括工会代表在内的全体职工代表联合构成，此外还设有一名中立委员，委员的任命必须取得双方一致的意见。但是，监事会平等共决只适用于大型煤钢企业，不具有普遍性。立法还引入了 1/3 监事制度，雇员代表在监事会中占 1/3 席位。这种监事会覆盖了员工超过 500 名的公司。可想而知，在关键议题上，雇员的 1/3 代表权并不能发挥太大的制衡作用。与监事会相比，更具普遍性的劳资共决机制是企业工作委员会。按照法律的规定工作委员会是脱离工会的中立机构，立法给了工作委员会双重定位，不仅代表雇员利益，也有义务同雇主合作，并且工作委员会只具有极其有限的人事和社会权利，只有在解雇和招聘时有提出异议的权利，公司改变经营目标或关闭企业时有协商的权利。工作委员会对企业主的管理特权并没有产生太大的制衡。

3. 传统劳资关系的主要特征

总体来说，德国劳资关系演变的历程留给了 20 世纪 70 年代比较说得过去的制度基础和劳工运动基础。

德国劳资关系二元体系（产业层面或部门级别的集体谈判和工厂层面的共同决策）的制度框架已基本搭建成型。在产业层面，由雇主协会和工会在社会伙伴关系的框架内就经济条件和工作条件进行商议，凡是参与到雇主协会的雇主都受集体协议约束，因此集体谈判覆盖了总就业的85%。而金属产业部门制定的劳资协议发挥了示范性作用。在企业层面，三部共决法很谨慎地赋予了员工参与工作场所共决的权利，根据企业的行业和规模设置了两种监事会制度，而工作委员会覆盖了绝大多数工厂。

德国工会的社会主义方案最终让位于在资本主义体系内争取劳工权利，放弃了政治罢工，罢工最终被限制在经济目的上。德国工会的覆盖率不高，从1951年的42%下降到1970年的32%。从集中程度来看，德国工会的中央集权程度也不高，工会联合会的约束力更多是形式上，集体谈判的权力掌握在16个有实权的产业工会手中。德国工会还是强大且激进的，并且组织性很好。工会对整体经济体产生了杠杆作用。金属产业工会和金属产业雇主协会的集体谈判协议发挥了很好的示范作用。受到团结一致和平等主义政治目标约束但是又存在利益分歧的德国工会，逐渐形成了争取减少工时的斗争倾向。

4.2 20世纪70年代后劳资关系的演变

这一节考察20世纪70年代后劳资关系的演变，包括三个方面：第一，劳资力量对比的变化动态，第二，宏观层面上劳资关系放松管制的发展历程，第三，工作场所劳动力管理实践的变化。

4.2.1 劳资力量对比的演变

德国资本也持续进行着空间、技术、产品和金融调整，调整也反映在了产业结构的变迁上。从各产业产值数据和就业数据得到的第一印象是德国确实是制造业强国。如图4－5所示，1970年，德国制造业产值占国民生产总值的34%，2016年这一比值下降到27%。从图中也能观察出，德国制造业发展可以分为两个阶段，第一阶段从1970年到20世纪 90 年代中期，制造业的在国民生产中的比重呈现出明显的下降趋势，第二阶段从 20 世纪 90 年代中期到 2016 年，除了 2009 年受到金融危机的影响，制造业比重下降至 24%，其余年份制造业的产值比重稳定在 26% ~28% 的区间内。

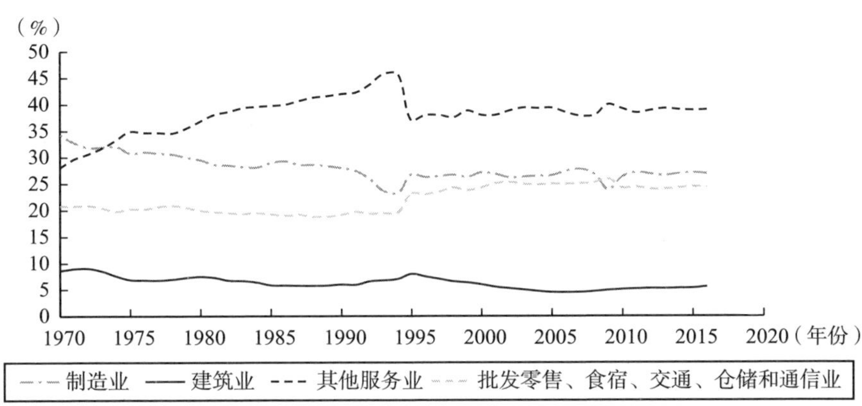

图 4 –5　德国各产业增加值的变迁（1970 ~2016 年）

资料来源：使用世界银行数据计算得到。

但是从就业数据上看，制造业提供岗位的数量在总就业中所占的比重显著下降。如图 4 –6 所示，1970 年，制造业提供了经济系统中 49% 的岗位，超过服务业提供的岗位数量，后者只提供了 41% 的就业岗位，但是到 2016 年，制造业只提供了 19% 的岗位，而服务业雇用了 71% 的员工。按照前面划分的两个阶段进一步分析就业数据，可以发现制造业提供岗位的比重不仅在第一个阶段保持下降趋势，在第二阶段同样保持了下降的趋势，尤其是从 20 世纪 90 年代中期到 2005 年前后这段时间，制造业产值在国民生产中的比重已经稳定了下来，但是制造业雇用人数在总就业中的占比依然保持下降。两德合并引发的原东德地区的大量解雇可能是造成这种不对称发展的重要因素。在高效率和劳动力稳定就业之间，德国制造业牺牲了后者以维护前者。制造业保留了最有生产力的工人，更多的工人要么流向服务业，要么退出劳动力市场。经过几十年的发展，德国也形成了服务业占绝对优势的就业结构，反映出资本权力的上升。但是，19% 的制造业就业岗位表明德国依然保有较高比例的制造业就业。这种就业结构为德国工人阶级核心—边缘的差距提供了基础。

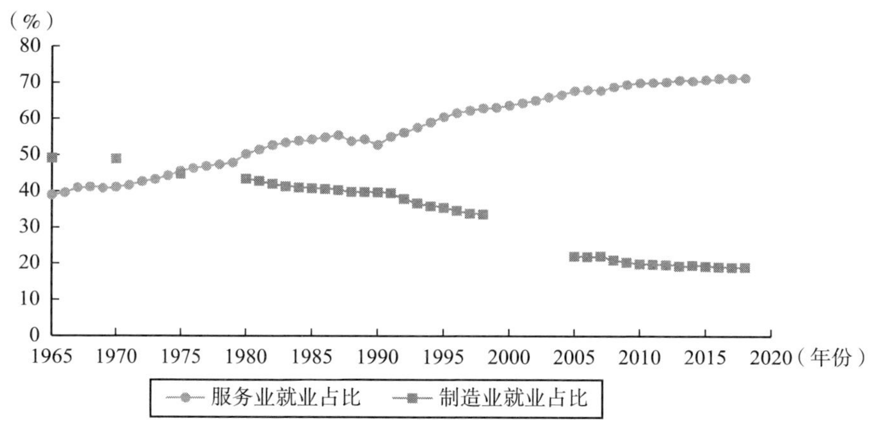

图 4-6 德国制造业/服务业部门就业的情况（1965~2018 年）

资料来源：使用 OECD 数据库计算所得，制造业部分数据来自瓦尔特·缪勒—延奇，彼得·依特曼．德国劳资关系 1950-1999：数据、时序及趋势［M］．知识产权出版社，2013。

虽然德国的金融化程度不如美国，但是也经历了金融化的改变（Deeg，2014），德国金融化的重要表现和影响表现在企业层面上，即公司治理由利益相关者（stakeholder）管理转向股东价值（shareholder-value）管理。在公司治理的利益相关者模型中，员工、供应商以及客户在企业中都有“发言权”，企业管理层制定决策时需要权衡各方利益，公司经营目标除盈利外，还有保证和拓展市场份额以及提供就业保障等社会目标（维多斯，2017）。在所有权上，战略投资者持有大部分股权份额，公司所有权集中，为长期资本投资提供了基础，银行发挥主导性作用，为企业提供融资，并保护公司免受恶意收购（瞿强和普瑞格，2002；鲁茉莉，2011）。与利益相关者治理互补的是合作型劳资关系，包括共同决策、董监双轨等制度。在资本主义多样性理论中，以企业为核心，利益相关者治理与合作型劳资关系共同推动了德国协调模式的产业竞争力和经济绩效。但是自 20 世纪 90 年代以来，资本市场的改革加速，国外资本和机构投资者涌入，这些机构投资者追求更短期的金融利益，对流动性有强烈偏好，刺激传统的利益相关者治理模式向股东价值管理转型。具体来说，在企业层面，企业减少了长期战略性的投资，越来越少关注长期利益，转而强调短期利益（Jackson & Sorge，2012）；德国银行也开始转型，传统银行业务萎缩，投资组合变得更加以资本市场短期行情为导向，银行对企业的监管能力下降，恶意收购的障碍大大减少（Jackson et al.，2004）；权力集中的德国制造业康采恩和金融资本结合，更加强化了金融权力（希尔德布兰特，2013）。企业治理发生的上述改变，冲击了传统合作型劳资关系，破坏了德国传统公司治理的管理—雇员的参与，削弱了这种结构中的劳动者权利，就业和投资机会也可以被雇主用来向劳动者施加威胁，迫使工人妥协，接受雇主的条件。对于资本来说，“退出选项”增多，流动性提高本身就意味着支配力上升。结果是资本的权力和支配力提升。

相对于资本权力的上升，德国工会运动正在衰退之中。整体来看工会密度的历史数据（见图4－1），德国工会组织的会员数量也呈现出衰落趋势。1970年，32%的员工加入工会，20世纪70年代，社会民主党执政，社会伙伴关系达到高潮，公众对工会组织的认可度提升，激发了工人入会的积极性，会员率上升。20世纪70年代后期，警察工会加入工会联合会，联盟成员变成17个。20世纪70年代也被视为工会的黄金时期，但是20世纪80年代，工会会员开始缓慢流失。1990年两德合并后，因为民主德国的工会组织程度更高，工会会员率陡然上升，但是这并没有扭转工会会员数量减少的长期趋势，之后工会密度的下降反而加快。到2007年，全国工会会员率跌落到20%以下，最近几年仍在继续下降，到2016年降至17%。

产业结构变迁和公司多样化经营造成了产业工会边界的争议，会员流失又引发了工会的财政和影响力危机。为了解决工会组织活动边界的争议，也是为了解决工会组织与产业结构不匹配、会员率下降和财政短缺等问题，德国工会开始了并购进程。例如，纺织—服装产业工会以及木材与合成材料工会分别于1998年和2000年并入金属产业工会；2002年，公共服务、交通与运输业、媒体产业等5个工会合并成统一服务业工会，一跃成为全世界最大的行业工会。小型工会通过合并扩大了整体实力，大型工会通过收编小型工会得以继续维持最大工会的权力。经过收购和合并，如今服务业工会和金属产业工会已成为DGB旗下8个工会中会员数最大的附属工会。但是合并行动现阶段看来还是防御性的，尚未产生战略收益。根据沃丁顿和霍夫曼（Waddington & Hoffmann，2000）的调查，首先，德国工会组织依然无法有效应对产业变迁的影响，在新兴企业和新兴产业，工会组织密度过低，在私营服务部门的小型工作场所中代表程度依然很低（这一点也反映在工会会员率的持续下滑上）；其次，集体谈判逐渐从产业层面下放到工作场所一级，工会尚未发展出相关机制支持工作场所谈判同时协调不同工会以保持更具凝聚性的工人阶级身份；最后，工会合并对 DGB 联盟造成巨大冲击，后者对下属工会并没有建制性权力，传统由 DGB 提供的支持性服务逐渐由势力范围不断拓宽的附属工会承担，合并并没有消除工会之间在会员招聘上的紧张关系，只是改变了它们的位置，结果是 DGB 在工会争端裁决中受到的质疑越来越多。进入 21 世纪，德国小型职业工会获得立法肯定，发展迅速，如飞行员工会、职业医生工会，因为工人会员的结构性力量更强，这些工人组织在集体谈判上总能占据更多优势，但这些职业工会尚未融合进传统的产业工会系统中。德国产业工会通过合并力量提升只是相对于 DGB 联盟来说的，还有职业工会的发展，都不能掩盖德国工会的衰退，联盟内部的权力转移加剧了工会之间的竞争，使得工会体系越来越无组织。这重创了传统的 DGB 系统，而 DGB 是维护德国工会社团身份以及“团结一致”的重要机制。可见，德国工会的衰退不仅表现在工会覆盖率的下降上，还表现为社团主义身份的逐渐消解。

4.2.2 社会伙伴关系宏观层面的变化

20 世纪 70 年代是德国劳资之间社会伙伴关系的高峰时期。得益于社会民主党执政，工会进入政治权力中心，与政府部长、商业代表定期集会，工会也同保守党保持良好关系，部分保守党议员不反对左翼劳工政策，反而持有支持的立场（Streeck & Hassel，2003）。政府、工会和雇主形成了经济社会政策的三方会谈，立法进一步完善了共同决策制，扩大了工会在工作场所的权力；对工会的制度性支持和公众对工会组织的认可，反过来又提高了工会会员上升（Streeck & Hassel，2003）。良好的社会伙伴关系产生了良好的社会绩效和经济成效。斯特里克（1989）的研究指出，20 世纪 70 年代西方汽车工业普遍爆发的危机也引发了德国青年高失业率的担忧，但在政府、“公共舆论”、雇主协会和产业联合会、工会和工作委员会的压力下，德国汽车制造商延长了培训项目，提升了劳动者技能和素养，提高了劳动生产率，受益于劳动生产率的提高，德国汽车行业在重组期间和之后表现出十分卓越的技术和经济绩效。但是经历 20 世纪 70 年代的高潮之后，社会伙伴关系从 20

世纪80年代开始衰退，产业集体谈判体系不断衰落。在德国，对利益集团之间的冲突、妥协和互动，德国政府很少进行实质性干预。科尔政府曾试图拆解劳工运动，但德国深厚的劳工运动基础和传统阻止了政府大规模放松劳资关系管制的行动。但是，在经济环境恶化、劳动力市场疲软、社会伙伴关系衰退的时期，政府也没有试图重组劳动力市场，恢复产业集体谈判机制以及修补社会伙伴关系，反而大力推进提高劳动力市场弹性的政策，这些政策加速了德国工人阶级中核心与边缘的鸿沟，降低了劳动者的整体地位。在所谓的“政府最小干预”的新自由主义教条的影响下，传统劳资协调机制走向混乱，而不是恢复稳定。

总体来看，自20世纪80年代以来，社会伙伴关系宏观层面的变化有三个表现：其一，中小型雇主退出雇主协会，产业集体谈判的员工覆盖率下降；其二，产业集体谈判分散化，集体协议的最终决定权从产业层面下放到企业层面；其三，劳动力市场弹性上升，弱化了劳动力的整体地位，同样腐蚀了社会伙伴关系。

1. 产业集体谈判覆盖面的下降和中小型雇主退出雇主协会

从德国集体谈判覆盖率数据得知，如图4－2所示，20世纪70年代和80年代，依然覆盖了85%的德国雇员，但自两德统一之后，覆盖面开始下滑，20世纪90年代中期降至81%，到2016年，只覆盖了56%的雇员。德国集体谈判的覆盖面取决于雇主协会的密度，集体谈判覆盖率的下滑，反映出雇主协会的密度下滑，表明越来越多的企业退出了雇主协会，以规避产业劳资协议的约束。

德国雇主利益组织的统计数据比较隐秘，金属产业雇主协会的数据相对透明一些。对金属产业雇主协会组织程度的统计展示了雇主协会会员率下降的趋势，如图4－7所示，自20世纪80年代中期，会员企业组织密度下滑的趋势开始明显起来，进入90年代，会员企业的雇员覆盖率开始显著下降。雇主协会的企业覆盖面与员工覆盖面的不对称表明，主要是大企业而不是小企业参与雇主协会，同时也表明，更多的小企业脱离了雇主协会。雇主协会对雇主的吸引力下降，也引发了雇主协会的改革，以应对雇主协会密度的下滑。例如，德国雇主协会推出了一些弹性方案，默许一些会员企业免于行业劳资协议的约束。

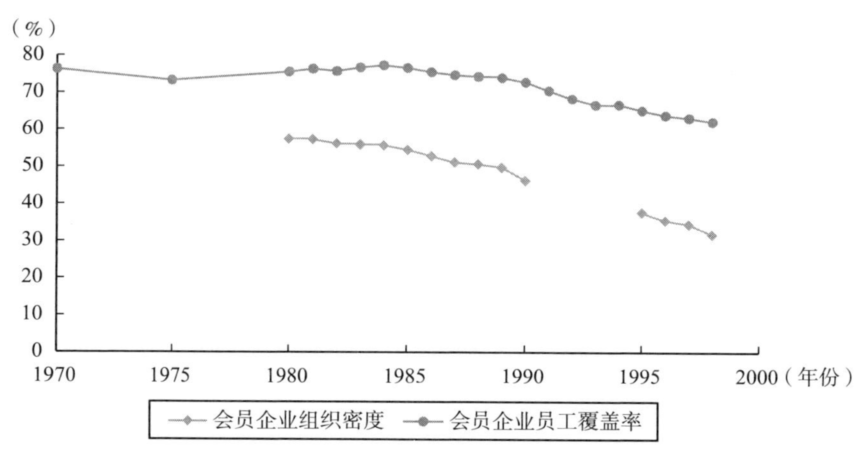

图 4-7　德国金属产业雇主协会的覆盖面（1970～1998 年）

资料来源：瓦尔特·缪勒—延奇，彼得·依特曼．德国劳资关系 1950－1999：数据、时序及趋势［M］．知识产权出版社，2013。

中小型雇主退出雇主协会解释了德国集体谈判雇员覆盖面的下滑。此外，还有一些隐性逃避，主要发生在高失业率地区，雇员默认雇主不遵守产业劳资协议，接受了低于产业劳资协议的工资标准（科勒和科斯齐，2016）。这些偏离产业劳资协议的非正式行动，说明德国产业劳资协议的实际约束力可能比数据表现得还要糟糕。

中小型企业逐渐脱离雇主协会，表面上是中小型雇主无法承受产业劳资协议的高标准和高条件，不得不退出。一个“常识化”的解释把雇主协会组织性的丧失归咎于工会，认为工会利用出口企业工人的结构性力量（这些出口企业紧密嵌入全球化进程）提出过高的诉求，因为劳资冲突的成本很高，雇主协会不得不妥协，接受工人过高的诉求，这就给中小企业逆向刺激，促使它们“不得不”退出雇主协会。但是西尔维亚和施罗德（Silvia & Schroeder，2007）对德国金属产业部门的研究指出，小企业的压力最终不是来自劳动力成本的上升，工资数据表明德国的工资增长越来越温和，小企业的压力来自他们的客户——德国的跨国企业。这些跨国巨头为了在国际竞争中保持有利地位，积极地把成本转嫁给国内供应商，正是跨国巨头的竞争行为对作为供应商的中小企业造成了不利影响，进而破坏了雇主协会的组织性，工会也是受害者（Silvia & Schroeder，2007）。因此，雇主协会组织性的丧失根源于企业会员本身的利润最大化战略，而不是工会的工资诉求。在德国企业经营的传统模式中，这种企业利润最大化策略是受约束的，正如霍纳（Höpner，2007）所说，传统德国企业的决策受到部门利益、阶级利益或政治利益等整体性利益的较大约束，具有较高的组织性，并不仅仅是完全由企业所有者和管理人个人说了算，企业尤其是大型企业还承担着社会功能。但是资本主义的竞争加剧刺激德国雇主不得不采取企业利润最大化策略。德国企业日益遵循个体利益最大化的策略行事，才是造成产业集体谈判覆盖面下降和雇主协会组织性丧失的根本原因之一。

2. 产业集体谈判的分散化

德国劳资关系的二元安排中，产业层面的集体谈判和企业层面的共决制之间存在明确分工，部门集体合同的工时和工资规定是强制性的，由工会和雇主协会协商，企业同工作委员会制定的车间合同如果和集体合同冲突，自动失去效力。企业可以高于但不能低于产业标准，高于产业集体协议标准通常也是秘密实行的，因为不能公然违反团结一致的政治目标。为了协调产业劳资协议和车间劳资协议，以及确认哪些事宜企业（通常需要与工作委员会商议）可以偏离产业集体谈判，在产业集体谈判中设置了“开放式条款”这一机制，由开放式条款明晰可以由企业自行决定的名目。开放式条款的内容由产业工会和雇主协会通过集体谈判决定。20 世纪 70 年代，为了改进企业在技术使用上的灵活性，开放式条款的内容主要涉及企业灵活安排工作条件和新技术的使用，但是产业工会牢牢控制了工时和工资问题的协商，企业层面没有决定工时和工资的权利，1984 年金属部门劳资协议引入的开放式条款第一次打破了产业劳资协议在工作时间上的强制规定。

20 世纪 80 年代，经济环境恶化，高失业率开始困扰德国，中央银行从紧的货币政策又加速了失业。为了应对失业率危机，金属产业工会的解决方案是减少工时，在 1984 年的谈判回合中，金属产业工会提出了把每周工时缩短到 35 小时的谈判诉求，而雇主坚持 40 小时，并要求生产上采取更灵活的时间安排，以适应新技术和市场的变化。劳资双方的诉求对对方来说都难以接受，结果引发了大型冲突，约 40 万工人直接或间接涉入，举行大规模罢工，雇主则通过闭厂和解雇捍卫自己的诉求。激烈的冲突之后最终达成了妥协，金属产业工会赢得了每周 38 小时工作制，雇主实现了更灵活的工作时间分配，在开放式条款中设置了允许企业一级就工作时间分配进行协商的规定。

进入20世纪90年代的德国，经济环境更加不利于劳工群体。德国统一带来了深远的经济、政治和社会挑战，欧洲一体化又加速了德国的“自由化”进程，社会伙伴关系继续松动。面对着如此不利的政治经济环境，集体谈判的分散化继续推进，产业劳资协议的开放式条款从工作时间扩展到工资规定。1994年金属部门的圆桌谈判中，金属产业雇主协会率先宣布要继续推行原有合约。按照惯例，雇主协会从来不会主动发起劳资谈判，但协会受到中小企业成员的压力，后者威胁退出协会，认为雇主协会站在大公司的利益上，并不代表小企业，要求雇主协会代表中小企业的利益采取行动，雇主协会不得不主动发起劳资谈判。最终达成的妥协是企业承诺不裁员，作为交换，企业可以更改雇员标准工作时间，减少每个工人的工作时间，但是对工人被削减的工作时间不用支付工资，也就是减工减薪留职。至于如何削减工时和工资，由雇主和工作委员会协商。1998年，奔驰公司的服务子公司与金属产业工会签订了一项补充协议，允许更长的工作时间和更少的工作组织监管，这是第一个允许在同一部门甚至在同一企业设置差异条款和条件的协议（Hassel，1999）。此外，20世纪90年代原民主德国地区还出现了“困难和豁免”条款，允许企业在经营困难期削减或暂停发放特殊津贴、工资，作为交换条件，经营者须保证尽可能不签发解雇通知。这一系列劳资协议标记了德国集体谈判的分散化历程，但是与其他国家和地区不同，这些工会同意福利减少以交换不解雇保证的劳资合约，或者从雇主的角度来看，雇主同意保证工作岗位以交换员工削减福利的合约都由工会和雇主协会背书，不是由企业单方面制定的，具有更强的制度效力。

在产业集体谈判分散化的背景下，有些核心工会战胜了日益无组织的雇主协会，取得了局部罢工的胜利。例如，1995年巴伐利亚金属加工业的一场冲突以工会几乎完全胜利告终，个别雇主公开站在工人一边，反对雇主协会，使得雇主协会的闭厂计划无法推进（Thelen，2003）。1998年，德国东部钢铁行业再次面临罢工威胁，管理方拒绝雇主协会提出的闭厂策略，放弃强硬的立场，坚持通过谈判达成和解，雇主协会抱怨称，工会以罢工威胁的形式对他们进行了“敲诈”（Thelen，2003）。但是这些局部胜利对德国劳资关系恢复产业协调于事无补，其影响甚至可以说是反向的，一方面鼓励地方工会采取个体最大化策略，加速工会系统的无组织，另一方面刺激中小型雇主退出雇主协会，加速雇主协会的无组织。工会联盟和雇主协会的组织性同时面临着危机，进一步推进了产业集体谈判的分散化，而不是把集体谈判重新带回到产业层面。

同期，德国工人的罢工形式发生了变化，警告式罢工开始流行。不同于传统的产业冲突，警告式罢工持续时间通常很短，从一小时到一整天不等，以表明工会有能力且有意愿组织长时间罢工，向雇主施加威胁。根据工会章程，警告性罢工因为持续时间较短，无须向会员进行意见征询，也不需要支付补助，一天的工资损失对雇员来说是可以承受的，伴随警告性罢工的还有宣传与抗议活动，传播工会的诉求，以赢得公众的支持（多伊普勒，2013）。从早期持续时间长的罢工转变成警告性罢工，既展示了工会的罢工能力和意愿，也大大降低了产业冲突对德国生产的破坏力，可以作为积极的案例，说明德国社会伙伴关系在全球化背景下的创新力和组织性。但是这种创新不能弥补德国社会伙伴关系整体架构的裂痕。

经历 20 世纪八九十年代的分散化历程，德国集体谈判基本实现了从产业层面下放到企业层面。产业集体谈判的分散化也吸引了政府的关注，但是政府的努力方向不是把集体谈判恢复到产业层面，而是顺应集体谈判分散化的趋势，推进劳资协调的灵活性。施罗德政府提出要通过立法确认“开放条款”的有效性，基督教民主联盟也提交了准许企业层面协议法律效力的相关议案，联邦劳动法院法官也认为工作场所协议的法律效力不能根据是否与产业劳资协议相冲突来判定，而应该根据当事人的评价（陈浩，2013），政府默认了产业层面劳资协调系统的解体。最终，2004 年，工程与机械制造业签订的普福尔茨海姆协议准许雇主偏离产业集体协议的任何条款（尽管是暂时的）以维持工作岗位和投资，德国部门劳资协议的分散化没有了实际障碍。随后，企业充分利用了这一机会，控制了集体协议的决定权。2010 年，德国联邦劳动法院判定 DGB 对劳动协议市场的垄断违法，又为中小型工会和职业工会同雇主开展劳资谈判扫清了法律障碍（陈浩，2013）。该法案一方面规范了公司层面的劳资谈判，另一方面，也为越来越多的工会放弃产业集体谈判，同雇主直接谈判提供了激励。在 21 世纪，德国产业集体谈判的分散化正式完成，尽管正式的产业集体谈判结构没有发生变化，依然由雇主协会和工会进行谈判，但是最终的决定权下放给了企业，也就改变了传统产业集体谈判的结果和功能。劳资协议下放到企业层面，需要工作委员会进行支撑，但是下文的分析要揭示，企业层面的共同决策制度也遭受了侵蚀。

3. 劳动力市场弹性上升

1982~1998 年，基民盟、基社盟重新掌权，与自民党联合执政。面对失业率危机，金属产业工会提出的缩短工时方案引起了 DGB 内部的分歧，以化学工会为首的五个工会（被称为“Gang of Five”）反对这个左翼方案，求助于提前退休（Streeck & Hassel，2003）。科尔政府利用了工会的分裂，支持政治上温和的工会，然后 20 世纪 80 年代工会所有的房地产公司破产，也被科尔政府利用来破坏工会的合法性和影响力（Streeck & Hassel，2003）。20 世纪 80 年代不利的劳动力市场和政治变化侵蚀了工会力量，尽管无法回归到 20 世纪 70 年代的高峰时刻，工会力量阻止了科尔政府对工会的大规模拆解。此外，科尔政府也不是团结一致的，劳动部部长虽然保守党出身，也是激进的劳工组织成员（菲瑟和鲁塞弗尔达特，1995），执政联盟内相当一部分议员支持左派立场，同工会联系十分密切（伍德，2017）。

但是，科尔政府提高劳动力市场弹性的政策还是取得了进展。1984 年通过了提前退休法，雇员以提前退休方式①退出劳动力市场。企业提高了效率，对提前退休雇员的补偿则由公共支出负担。1985 年通过了促进就业法，该法把固定期限合同的最高时长延长至两年，刺激雇主采用固定期限合同取代常规合同（常规合同通常没有期限），削弱了对解雇的保护；1986 年通过了新的促进就业法，因罢工而间接失业的工人不再有资格领取失业救济金，对工会施加了反向约束，工会需更谨慎地采用多部门罢工的策略，降低了工会罢工的威胁力度。这些政策明显提高了劳动力市场的弹性。

---

① 提前退休政策如今已引发了诸多不利问题。工人老龄化程度比较高的是建筑业、化工业以及电子技术业，这些行业普遍是大型企业，也就是说大企业更充分地使用了该项政策，“滥用”慷慨的德国社会保险体系，但是非工资劳动成本的增加由所有企业承担，而像提前退休这样减少工作年限的政策也鼓励了非法就业，给中小企业带来巨大威胁（马雷什，2017）。如今，该项政策也带来了不可忽视的德国财政负担。

1990 年，德国统一。统一的浪潮带来社会伙伴的团结和信心，但被随之而来的经济衰退和继续开创新高的失业率击溃。1993 年，《马斯特里赫特条约》签订，欧洲市场一体化完成，社会监管暴露在区域市场竞争压力下，加速了德国“自由化”的进程。1999 年，欧洲经济和货币联盟建立，德国是创始成员之一。执政的保守党继续推进提高市场弹性的政策，强化资方在劳动力供需上的权力。

1995 年，金属产业工会领导人呼吁建立“工作联盟”，提出如果雇主承诺增加就业，政府放弃削减社会保障，工会会在工资方面作出让步。但直到施罗德 1998 年上台，工作、培训和竞争力联盟才建立，联盟的运行比总理想象的更艰难，各方利益和动机分歧太大，联盟并没有有效的产出，并于 2003 年终结。处在资本全球化的背景中，这次三方合作的努力注定失败。

进入到 21 世纪，德国劳动力市场的弹性化日益明显。2002 年，劳动力市场政策改革委员会成立，委员会由 15 名专家组成，除了学术界和工会各两名代表，剩下的 11 名成员是来自奔驰、德意志银行、麦肯锡等领先产业、银行和咨询行业的翘楚（希尔德布兰特，2013）。委员会提出了“哈茨计划”，共有四部法案。在这份主要由企业家参与制定的改革政策中，计划Ⅰ改变了机构设置，为劳务派遣和临时工作等工作形式创造了可能，计划Ⅱ确定了少量就业的雇用规则，计划Ⅲ对联邦劳动局进行结构重组和改制，计划Ⅳ降低了救济金的数额并设置了更严格的申领规则。哈茨改革是德国版本的积极劳动力市场政策，企图解决高失业问题，但它扩大了低薪劳动力市场和不稳定就业，加剧了两极分化，不利后果也是很明显的。不过那些出口型大企业却从低薪战略中获益。尽管部分工会抗议哈茨计划，大多数工会仍然支持法规的推行。解决高失业率问题，对德国政府来说，劳动力市场去规范和放开管制似乎是唯一的选择。为了应对集体谈判覆盖面的下降和工资被利润的腐蚀，2015 年，德国首次引入法定最低工资。事实上工会在 2005 年就建议引入最低工资标准，至立法最终成型，十年的时间已经过去了。

4.2.3　工作场所劳动力管理实践的演变

工作场所共决是德国劳资关系二元体系的另一部分。此外，德国著名的职业培训体系从技术层面支撑了工作场所员工参与。厂内培训使得德国工作场所采取了不同于福特制的生产过程，也就使得在工作场所劳动力管理实践上，难以全面贯彻科学管理。

1969 年出台的联邦职业教育法全方位界定了德国职业培训体系。根据西伦（2004）的描述，该法把德国历史上颁布的各种职业教育法律整合在一起，为德国工厂中进行的职业培训提供了全国性的管制和监管法律框架，并设立了联邦职业教育科学研究所（BBF）管理委员会，负责管理职业培训事务。在新的安排中，工会也参与到职业培训管理体系的管制和管理中，没有工会的明确同意，职业岗位认证和培训规章制度的修改和立法都无法通过（Thelen，2004）。因此，1969 年立法积极的表现不仅是整合了德国各种职业教育法律，也通过引入工会，打破了雇主行业协会在职业培训上的垄断，为职业培训体系建立了外部约束和更有公信力的标准。

依托于德国的厂内培训，培养出大量高技能工人，奠定了德国高效率生产的基础，普遍的高技能也有助于缩小产业工人工资差距。因为提供了大量技能工人，德国的厂内培训体系也是促成德国工作场所不同于福特式工厂的原因之一。正如斯特里克（1989）所说，按照福特制的标准，德国依赖于技能工人生产的传统，是技能的过度供应，因此，对德国雇主来说，全面贯彻福特主义和泰勒主义是一种巨大的人力资源浪费。斯特里克（1996）的研究指出在技能特征、劳资关系、社会整合方面，德国模式与日本的精益生产也不同，例如，日本的技能是公司特定型，德国的技能是被社会标准化的；劳资关系上日本是公司型工会，德国是政治—产业工会化；日本通过“企业封建主义”实现社会整合，德国则是通过“公共规则”“社会合作主义”进行社会整合。但是西伦（2004）对德国技能生产体系历史演变的研究得出的结果并不乐观，作为德国学徒制稳定机制的工会组织、工商会以及雇主协会正在崩溃和瓦解。在技术更新和生产过程重组加快、国际竞争压力增大的背景下，德国的学徒培训正逐渐遭受侵蚀，技能培训越来越变成学习企业专用的特殊技能（Thelen，2004）。总之，尽管德国的生产安排和“精益”生产在历史、传统、制度安排上有很大不同，但是最近的发展表明，那些支撑了德国生产模式独特“个性”的传统制度约束遭到了侵蚀，也就导致德国生产模式和“精益”生产之间的区别越来越小。

技能培训体系在技术上决定了德国工作场所不同于泰勒制。在管理实践上，德国实行雇员共同决策制，而不是科学管理以及它的各种变体。相比20世纪70年代之前，20世纪70年代德国工作场所共同决策制得到了进一步推进和完善，分别是1972年修订企业组织法，1974年公共部门大罢工以及随后修订员工代表法，1976年通过共同决定法。这三部法律从一开始就受到雇主的抵制，在1976共决法通过后，雇主组织和大公司向宪法法院发起控告，指责共决法违宪，但宪法法院于1979年裁定共决法符合宪法，才结束了法律层面上的争执。尽管基督教民主联盟强烈反对立法，但在1982年重新掌权后，并没有对共决制进行大规模的逆向更改。

在新的企业组织法中，工作委员会的权利相比20世纪50年代的立法得到了加强，参与共决的范围扩展到工资支付的方式、红利的比例、计件工资的比例、额外费用和与绩效相关的工资支付、工作时间安排（工作日的开始和结束）、休假安排、超时工作、工作时间削减、工作中的人道主义等，同时工人对企业的生产、技术采用、经济财务方面享有知情权，负责监督法律和集体协议的履行情况（菲瑟和鲁塞弗尔达特，1995）。改革也加强了工会在工作场所的权利，工会可以不受限制地进入公司，并可以自行发起工作委员会选举。虽然工会进入工作场所的机会以及工会与工作委员会的联系有所改善，但工作委员会的正式独立性以及对工厂一级利益代表的专属管辖权并没有受到影响（Müller - Jentsch，1995）。1976年的共决法则把煤钢企业的监事会制度推行到雇员超过2000人的所有企业，但是立法在原来的基础上进行了修正，规定雇员代表中必须有一名高级职员，委员会主席由股东选举或指定产生，出现僵局时主席有两个投票权。该法案保证了形式上的平等共决，在关键议题上，雇主优势依然显而易见，有理由相信高级职员以及由股东选举或指定的主席在立场上更倾向于资方。

总体而言，共决制在德国工作场所的管理实践上发挥重要作用。在德国企业中，共决制的组织有监事会和工作委员会。有三种类型的监事会，分别对应煤钢等特定行业、雇员超过2000人的企业、雇员人数超过500人的企业。监事会的权利更多，但监事会的覆盖面并不广。按照立法规定，拥有5名及以上员工的公司都可以设立工作委员会，相对来说，工作委员会是更为普遍地实现共同决策的机构。因此，对德国工作场所劳动力管理实践的研究，考察工作委员会比考察监事会更有代表性。20 世纪 70 年代德国共同决策制达到高潮，但是从 20 世纪 80 年代也开始衰退。1989 年，保守党对企业组织法进行修订，提升了小团体的权利，规定企业内部的每一个群体都可以提出候选人并且减少了签名上需要的人数，稍微削弱了工会在提名候选人上的垄断地位（Hassel，1999），但是修订并没有对 1972 年企业组织法建立的制度形式造成冲击。因此，共决制的瓦解不是法律层面上的，法律制度的形式依然稳定，而是实质性内容经历着腐蚀，共决制与它应该适用的现实世界的鸿沟越来越大。具体来说，员工共决的衰退有三个方面的表现：第一，工作委员会覆盖范围下降；第二，人员构成发生变化，与工会的联系开始疏远；第三，共决制的功能和目标发生了转向。

1. 共决制覆盖范围的下降

综合哈塞尔（1999）和艾迪生等（Addison et al.，2010）文献中的统计数据，本书绘制了德国工会委员会覆盖雇员比例的表格。如图 4－8 所示，工作委员会的覆盖范围逐年下降，1981 年，63% 的德国雇员被工作委员会覆盖，而到 2008 年，只有 42% 的雇员在工作场所中被工作委员会代表，几乎一半以上的雇员没有工作委员会的代表。考虑到

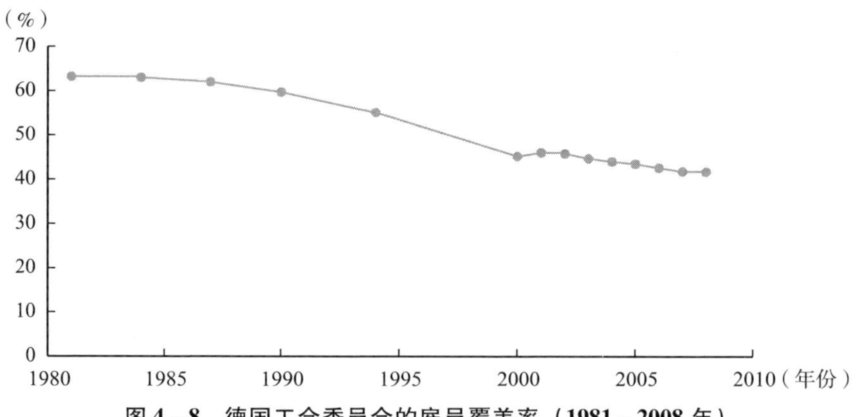

图 4－8　德国工会委员会的雇员覆盖率（1981～2008 年）

资料来源：Hassel A. The Erosion of the German System of Industrial Relations [J]. British Journal of Industrial Relations, 1999, 37 (3): 483－505; Addison J. T., Bryson A., Teixeira P., et al. The State of Collective Bargaining and Worker Representation in Germany: The Erosion Continues [J]. 2010。

不同企业员工数量有很大差异，这意味着工作委员会的企业覆盖率更低，根据 2000 ~ 2008 年的统计，数字为 9% 左右（Addison et al.，2010），越来越多的小型企业没有设立工作委员会。最快速的衰退发生在 20 世纪 90 年代，恰好也是德国部门集体谈判加速衰退的时期。这些数据清晰地表明，越来越多的企业缺少包括劳资双方的、正式的共同决策机构。

2. 工作委员会与工会联系的疏远

从法律层面来看，工作委员会和工会的决策权各自独立。工作委员会是独立和自治的机构，它在企业中代表所有员工，而不仅仅是工会会员，非工会会员也可以参与工厂委员会的选举，而工会负责产业层面的协商；只有工会有罢工的权力，工作委员会没有罢工权；工会与雇主协会达成的部门合同效力高于车间合同。但工会在工作场所中活动的权利并不违法，同时在实际操作中，工会和工作委员会的人员重合度很高，也就是说，工作委员会的成员大多是工会会员，此外，工会为工作委员会提供培训和信息，工会和工作委员会保持了紧密的非正式联系。通过这种非正式的关联，工会利用工作委员会的共决权在工作场所内推进工人利益，以及对部门谈判中难以处理的新技术培训等非工资问题提供建议，工作委员会可以被看成工会在工作场所的延伸组织。这种非正式的机制协调了工会的阶级目标和工作场所员工的利益，维护了阶级统一的政治目标，也为工作场所员工发声提供了政治支持。

但是立法初衷和制度安排的二元性带来了潜在风险，通过非正式机制实现的协调和联系并不稳定，当工作委员会被企业内部利益左右，工作委员会也就越来越脱离工会产业协同一致的目标。在工会密度下降以及产业集体谈判约束力下降的背景下，工会和工作委员会联系疏远的不良后果更加严重。工作委员会中工会成员的比例是很好的展示工作委员会与工会联系的数据，如图 4 - 9 所示，1972 年，81% 的工作委员会成员是工会成员，但在 2003 年，只有 56% 的工作委员会成员隶属于工会，工作委员会与工会的联系日益疏远。

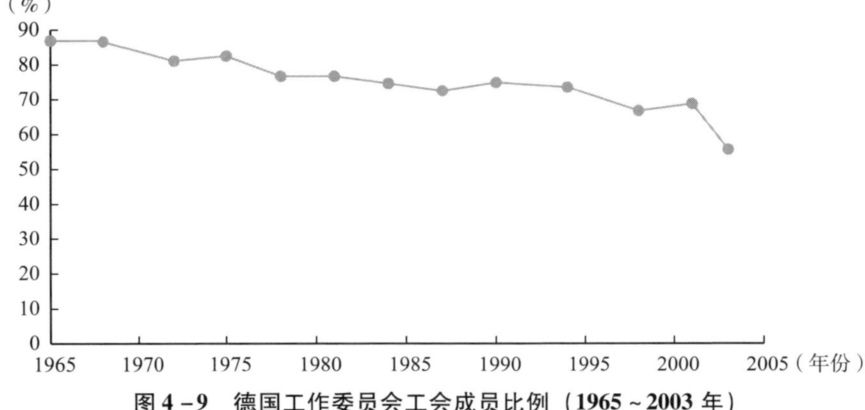

图4-9 德国工作委员会工会成员比例(1965~2003年)

资料来源:瓦尔特·缪勒—延奇,彼得·依特曼.德国劳资关系1950-1999:数据、时序及趋势[M].知识产权出版社,2013;Goerke L, Pannenberg M. Trade union membership and works councils in West Germany [J]. Industrielle Beziehungen/The German Journal of Industrial Relations, 2007: 154-175。1990年之前、2001年、2003年的数据是对原西德地区工作委员会情况的统计,2001年和2003年的数据是原西德地区数据,总体来说,民主德国的工作委员会的雇员覆盖率低于原西德地区。

3. 工作委员会功能和目标的转变

德国立法机构对工作委员会功能和目标的界定是:第一,平衡不同工人群体之间可能存在的利益分歧;第二,作为一种机制以稳固和实现工人共同利益、迫使雇主接受工人共同利益(魏斯,2016)。从德国立法机构的界定可以看出,工作委员会是一种政治制度,作为在工作场所维护工人利益的机制,它的法律基础默认了工作委员会与工会以及工会更高战略的协同。但是,工作委员会同承担"工人阶级共同利益"使命的工会在正式安排上相互独立,二者的非正式联系也日益疏远,在社会伙伴关系衰落的潮流中,运行中的工作委员会的功能和目标慢慢发生转向,由一种员工发声机制变成了企业管理机制,目的是使劳动力成为有竞争的生产力因素。

综合缪勒—延奇(Müller-Jentsch, 1995)、斯特里克(2001)和杰克逊等(Jackson et al., 2004)对德国工作委员会的研究,德国以工作委员会为主的共决制表现出五种"转向":第一,共决制不再被视为一种在自由资本主义中发展出来的、混合资本主义和社会主义成分的机制,企业共决制如今被定位于增加现金流和收益;第二,工作场所的民主参与仍然支撑着共决制,但是它不仅更民主,也是更有效地组织雇主与雇员微观关系的机制，以达成效率取向的目标；第三，管理功能和共同决策之间的界限越来越模糊，不仅仅涉及企业的人事和社会问题，在企业经济问题上也如此，日益变成一种职业化的管理机制；第四，工作委员会和雇主之间的对抗越来越少，双方都视对方为合作者，而不是处于阶级对抗中的对手，共同决定似乎是一个合作的过程；第五，共决制法律基础的作用正在减弱，而协商性的共决制规则正在增加，一些公司已经建立了“工作委员会工作组”（working teams of works councils），这种工作组遵循协商规则，而不是遵循企业组织法的法律组织。从这五种“转向”中能够发现，工作委员会越来越表现出人力资源管理的特征，工作委员会的内部人视角不仅打乱了阶级共识，也使得雇员的发声大打折扣，丧失了立法的初衷。战后初期有关工作委员会立法的讨论中，考虑到工作委员会可能暗中破坏工人阶级的团结统一，工会一开始对工作委员会是不积极的，现在工会当初的担心正在成为现实。对德国工作委员会实践的案例研究支持了以上的判断，例如，2003 年夏天，德国东部地区一家大型汽车公司的工作委员会明确抗议工人争取 35 小时工作制的罢工（Jackson et al.，2004）。霍尔斯特（Holst，2014）对德国金属加工和电信行业开展了田野调查，指出在某些大型出口导向型企业内部，工作委员会接受了公司使用低薪临时工的做法，以换取对核心劳动力的让步。在工会运动的鼎盛时期，工作委员会这种违反阶级共识的内部人举动是难以想象的。

4.3 小　　结

德国劳资关系体系的规划是产业层面的集体谈判和公司层面的共决制相互协调。共决制的核心组织工作委员会和工会既相互独立又相互依赖。通过共同决策制度，员工表达他们作为特定企业生产者的利益，通过部门集体谈判，表达更广泛的阶级平等和阶级利益，并通过规定部门协议优先于车间协议来协调产业层面的利益和公司级别的利益，二者没有重叠的决策权，相辅相成。这种劳资关系治理的模式相对来说中央集权程度不高，也不需要政府的过度干预，依赖于各经济利益组织在产业层面的对话协调实现自我维持（self-sustaining）。雇主也受益于良好的社会伙伴关系，对大部分雇主来说，产业层面的工资决定将工资排除在竞争之外，冲突被限制在产业层面，雇主也可以团结起来采用闭厂策略应对激进的工会行动；工作场所是合作性的，行业协会、工会组织、雇主协会联合推进的技能培训系统为生产提供了高技能工人，塑造了德国制造业的高效率和竞争力。但这种高度协调和高度组织的构想，在资本主义生产方式下，也许只能是一种理想。德国社会伙伴关系也被视为“自组织治理”（heterarchic governance）[①] 的模板和典范，但是德国社会伙伴关系如今表现出来的结构裂痕、功能丧失和覆盖范围的下滑说明了“自组织治理”也不可避免地面临着失败的风险。[②]

20 世纪 70 年代，得益于社会民主党执政，德国工作场所共决制得到了进一步完善；而在产业层面，继续维持了 20 世纪 70 年代之前的产业集体谈判，由雇主协会和工会在社会伙伴关系的框架内就经济条件和工作条件进行商议，受集体协议约束的雇员在总就业中的比重依然保持在高水平上。20 世纪 70 年代也是工会运动的黄金时期。20 世纪 70 年代的劳资关系系统最接近德国社会伙伴关系的理想。而社会伙伴关系在 20 世纪 70 年代达到的高峰，社会民主党执政这一积极要素是不能被忽视的。[③]

但从 20 世纪 80 年代开始，劳资力量对比日益倾向于资本，传统劳资关系系统开始走向放松管制。在宏观层面上，第一，产业集体谈判覆盖面下降；第二，产业集体谈判分散化，尽管产业集体谈判的形式没有变化，还是由雇主协会和工会制定，最终的决定权却交给了企业层面；第三，劳动力市场弹性上升，弱化了劳动力的整体地位。政府最后在

---

① “自组织治理”的表现形式包括自组织的人际网络、通过谈判达成组织间的协调，以及分散化的依据情境协调的系统间可调控的转向（context-mediated inter-systemic steering）（Jessop，2019）。

② 在杰索普（Jessop，2019）看来，自组织治理也无法消除资本主义的深层矛盾，而它不能消除资本主义深层矛盾的原因在于“自组织没有用非资本主义的原则取代市场原则，也没有在市场与国家之间（更谈不上在资本与劳动之间）引进一个中性的第三者。自组织反而又引入了一个各种资本主义难题、矛盾和对抗（例如资本积累和政治合法性潜在冲突所表现现出来的和被拿来讨论的那些难题）得以充分表现的领域”。

在杰索普（Jessop，2019）和奥菲（Offe，2008）这些马克思主义国家理论学者看来，资本主义生产方式下，治理和市场、国家一样，都面临着失败的风险，当然这也没什么可奇怪的。

③ 第 5 章瑞典的案例更表明，强大工会和左翼政党执政是社会伙伴关系良好运行的必要条件。

2015年引入最低工资制度以解决工资腐蚀的问题。在企业层面上，工作场所共同决策制度慢慢开始瓦解。共同决策制衰落的表现有：首先，共决制的主要载体，工作委员会的雇员覆盖率下滑；其次，工作委员会和工会的非正式联系疏远，削弱了产业工会目标和工作场所员工利益的协调；最后，共决制的功能和目标脱离了实现“工人共同利益”的定位，由一种员工发声机制变成了企业管理机制。在产业协调劳资关系的衰落进程中，德国政府在表面上是一个面对各种利益团体的“中立”裁决者，实行“最小干预”的教条，没有大规模打击劳工运动，也没有利用国家监督和制裁的有利地位积极修复产业劳资协调机制。有关劳动关系的立法基本完好无损，但产业协调劳资关系实实在在的腐蚀和形式上的完备形成了鲜明对比。

因为工作委员会覆盖面的下滑，当集体谈判从产业层面下放到企业层面，就缺少工作委员会接手协商议程。产业集体谈判和工作场所共决制形成的互补结构遭受了腐蚀。这种在资本主义多样性理论中被视为有助于系统稳定性的制度互补，远非自我维持的机制，面对着资本主义这种“自我驱动的剩余提取和积累机制”（Streeck，2010）所带来的边际改变，事实上并不稳定。互补结构一旦开始瓦解，也远远超越单一层面瓦解带来的不良后果，更是加速了传统劳资关系系统的不稳定。在核心部门，劳资协调合作依然表现良好，但是边缘部门越来越被排除在外面。因此，与德国劳资关系放松管制（以及与劳资力量平衡向资本倾斜）有很大相关性的是“组织性”[①] 的丧失，这些丧失“组织性”的表现有：地方工会越来越采取个体最大化策略，工会联盟系统日益无组织，工作委员会日益采取企业内部人视角，偏离了推进“工人共同利益”的法律定位；公司治理从利益相关者治理转向股东价值管理，企业越来越摆脱社会功能，采取个体利益最大化策略，大型雇主积极将竞争压力转嫁给国内供应商，中小型雇主不断退出雇主协会，雇主协会日益无组织。

在经济学中，“搭便车”问题被认为是导致集体性组织功能丧失的重要原因，但德国传统雇主协会、工会组织规避了集体行动的“搭便

① 这一判断也受到了Höpner（2007）的启发。Höpner（2007）进一步通过协调和组织这一对概念理解非自由资本主义，协调功能使企业的个体最大化策略适应集体行动问题，而组织功能则超越了最大化策略。

车”的问题，[1][2] 还是没有解决集体行动组织和结构不稳定的问题。集体行动组织和结构的不稳定和个体的“理性”选择相关，但和“搭便车”问题无关。一个正常社会中，“搭便车”现象可能并不十分严重，正常的组织发展机制已经排除了“搭便车”现象普遍发生的可能性（赵鼎新，2006），因此，在关于公共物品和集体行动的分析上，我们可能高估了“搭便车”问题的严重性，然后为了规避“搭便车”问题可能导向了政策设计上的偏颇（例如过度私有化）。[3] 这一章并没有提供一个具体的“理论模型”以解释集体性组织的机能丧失（这也并不是本章的意图），但具体的解释显然应该在资本积累的逻辑中寻找。

以上的分析可能太过“悲观”了一些，着重强调“变化”的一面，而从“稳定”的角度看，德国传统劳资关系还保持较高程度的黏性。传统劳资关系的正式框架还在。而组织的正式结构并非不重要，提供了一种“秩序”，制度形式结构的完整提供了恢复制度实质性内容的可能性。与美国不同，德国劳资关系体系过去发生的变化并不是由雇主单方面推进的，是“有组织的”，在工会和雇主协会的对话协商中一步步分散化。工会运动虽然发生了衰退，但德国工会运动的基础还是比较强大的；德国曾经实现的高经济绩效和高端市场的竞争力也依托于良好的社会伙伴关系，雇主对劳资关系的去管制也是非常谨慎的。并且，德国工会的斗争策略之一是工时斗争，相比工资标准，激进的核心工人争取的工时标准更容易在经济体系中推广。在德国这样具备社团主义传统的国家，彻底拆解传统劳资关系的制度和制度基础并不是容易的事情。德国社会伙伴关系衰落的进程中，两德合并也是诸多不利因素之一，面对诸多不利的政治经济条件，德国有组织利益团体提供的答卷可能并不是太差。

① “搭便车”理论来自奥尔森（2014），核心论点是经济人想要为获取公共物品或为共同利益采取行动时，但是经济人理性又让他们不去行动，而是坐享其成。奥尔森的“搭便车”理论是形式理论，不是经验理论（赵鼎新，2006）。

② 集体谈判的雇员覆盖率远远高于工会的雇员覆盖率，激进的产业工会在罢工行动中总是很积极。事实上一旦新的谈判期和罢工期到来，因为工会会向会员支付罢工补助金，德国工人“搭便车”的“理性”会刺激他们临时加入工会。

③ 事实上，奥尔森（2014）提出“搭便车”问题并不是为了否认集体行动和集体性组织的必要性和优点，而是认为应该设计出一些机制以避免“搭便车”问题，维持集体行动和集体性组织。但是“搭便车”理论被越来越多的用于摧毁后者。

第5章　瑞典劳资关系的演变

对瑞典劳资关系演变的描述性分析仿照第3、4章的安排。首先，归纳出瑞典在20世纪70年代之前劳资关系系统的主要制度特征；其次，描述20世纪70年代之后劳资关系系统的演变；最后，总结瑞典劳资关系体系演变的主要特征。

5.1　20世纪70年代前劳资关系的发展和主要制度特征

19世纪80年代，瑞典农业人口仍占总人口的3/4，但轮作制的使用大大提高了农业生产率，19世纪90年代，纸浆工业、铁矿出口工业、机械工业等三个新兴工业部门迅速发展。尽管工业化相对来说开始的比较晚，但发展迅速，到20世纪初，瑞典已基本实现工业化。瑞典没有卷入第一次世界大战，第二次世界大战期间，瑞典也保持了形式上的中立。凭借着中立国的地位，瑞典向交战双方出售武器和物资，获得了比较可观的利润以资助国内基础建设和福利建设。因为免受战火的破坏，工业基础也得到了比较完整的存续。这些为瑞典劳资关系的发展提供了稳定的外部环境。1938年，在社民党的主持下，工会联合会（LO）和雇主联合会（SAF）签订了萨尔茨耶巴登协定，奠定了瑞典雇主、工人和政府三方合作的基础，随后在三方的互动和摩擦中，20世纪50年代中期形成了瑞典的中央级谈判体系，并持续运行到20世纪70年代。本节按照时间顺序梳理瑞典劳资关系在20世纪70年代之前的发展，并归纳出瑞典劳工运动和劳资系统的特征。

5.1.1 从工会建立到萨尔茨耶巴登协定的签订

与其他国家一样，瑞典早期的罢工以及建立工人组织的行动也遭到了雇主和当局的镇压。19 世纪 80 年代，第一批工会诞生并逐渐形成全国性工会联盟的雏形。1889 年，代表工人阶级的政党瑞典社会民主党成立。1898 年，全国联盟工会联合会成立，工会联合会 LO 按照产业工会的原则组织。为了对抗工人运动的挑战，雇主同样迅速地组织起来，于 1902 年成立全国性雇主联盟组织——雇主联合会。

1906 年达成了第一个工业协议，工人从雇主那里争取到组织工会的权利，但雇主并没有轻易妥协，在 1909 年的大冲突中，雇主通过闭厂赢得了最终的胜利，结果是工人又返回到没有集体合同的工作中。转折可能发生在 1921 年。因为普遍选举权的实现——这也是工会运动的结果，瑞典工人运动的另一部分社会民主党开始在政治舞台上迅速壮大。1921 ~ 1922 年，瑞典遭受了严重的经济危机，高失业率削弱了工人运动的力量，不过，却促进了白领雇员阶级意识的觉醒。在这场危机中，银行职员、公务员和办公室职员等白领工人不可避免地受到了不利影响，导致他们改变了过去把代表他们的组织视为同雇主利益一致的认知，开始组建真正的工会，并在 1929 年组建职业雇员工会运动（何秉孟，2010）。劳资冲突也推进了劳工立法，1920 年，通过了劳资争议管理协调法，1928 年通过了集体谈判法和劳动法院法，这些法律带有典型的雇主立场色彩，并且遭到了工会的抗议和反对，但是推进了劳资协商机制的进步。

1932 年，社会民主党获胜，开始了长达 44 年的连续执政。初上任，社民党放弃自由贸易政策，对农业采取保护主义政策，以换取农民党的支持。凭借和农民党形成的联盟，社民党得以推进他们的“人民之家”理论和实践，开启了瑞典“福利社会主义”的进程。但是在执政的社民党议程中，生产资料社会化的主张最终被放弃，取而代之的是“功能社会主义”（functional socialism），资本的所有人负责生产，国家的责任则是保证生产结果的公平分配（Meidner，1993）。而在萨松（2008）看来，社民党的巨大成就在于建立了雇主、工会和政府三方之间的“合作”框架，以及建立了就劳动力市场和社会政策等问题进行谈判的长期协调机制。因此，社民党的方案并没有改变资本主义生产方式的性质。

在社民党执政初期，1936年瑞典通过了联合会和集体谈判管理自由法。随后在1938年，在社民党的安排下，著名的萨尔茨耶巴登协定由工会联合会和雇主联合会自愿签订，由此奠定了劳资双方组织权、协商权以及合作主义的基础。而在这份协议中，十分明确地保证了雇主对生产过程和投资的控制权，工人争取到了对工资水平进行协商的权利。这份基本协议从正式系统中开启了瑞典劳工自愿合作的进程，也被赋予了法律上的约束力。

5.1.2　从基本协议到中央集体谈判的形成和发展

1938年的基本协议标志着一个正式的开始，协议提供了一些重要的原则，但并没有提供瑞典劳资关系和集体谈判系统的具体形式和细节。从协议签订到中央工资谈判体系的形成和发展，又是一段充满冲突和斗争的历史过程。

协议签订的三年后，也就是1941年，在工会联合会的会议上，在绝大多数工会代表（320票支持、17票反对和15票弃权）的赞成下，修改了联合会的条例，使LO成为构成性工会，最重要的规定是没有联合会的同意，任何工会不得号召超过3%成员的罢工，通过一些程序设置规范了同时也保证了LO执行委员会参与成员工会集体谈判的权利，并且LO也有权干预工会的谈判提议，如果工会不接受，LO可以撤销对工会罢工的支持（Swenson，1989）。1941年的决议使得工会联合会获得了对成员工会罢工的控制权，同时也通过财政支持辖制工会行动。作为LO的谈判对手，SAF更早实现了对成员雇主和雇主协会的管理权。20世纪20年代末期，SAF就完成了改革，联盟控制了雇主的闭厂权，并且根据公司雇员数量分配联盟的投票权，因此增加了爱立信、SKF这些出口工业部门的投票权。中央一级对罢工和闭厂的控制，为推进高峰合作主义提供了制度基础，也为中央工资谈判体系的形成提供了更多的可行性。

“二战”后的瑞典进入劳动力短缺的时期，工资增长超过生产率的增长。以强劲的劳动力卖方市场为背景，一系列劳资协议协商通过，这些协议涉及工人保护、职业培训、劳资共决、工时等问题，分别有产业福利协议（1942）、工作委员会协议（1946）、职业培训协议（1947）、工时与运动研究协议（1948）。1948年，劳动力市场委员会（AMS）成立。

20世纪40年代，工会组织也得到了进一步发展，专业技术人员联合会（SACO）成立，成员主要是公务员和拥有技术职称的专业技术雇员。两个在20世纪30年代成立的职业雇员中央组织（DACO）和职业雇员联盟（TCO）合并成为职业雇员联盟（TCO），成员主要是政府和市政雇员。至此，瑞典的三大工会联盟成立，分别是蓝领工会联盟LO，两个白领工会联盟SACO和TCO。从中央集体谈判体系形成到20世纪70年代以前，TCO和SACO的工资安排执行LO和SAF制定的协议。

瑞典工会无疑是十分强大的，如图5-1所示，瑞典工会覆盖了65%的雇员。依托于广大的会员基础，瑞典工会联合会进入了政治核心。虽然与执政的社会民主党形式上独立，但二者关系密切，社民党高层往往具有深厚的工会背景。按照瑞典工会联合会的章程，工会参与制定经济政策，设有经济政策部门，研究公共福利制度和工业政策，瑞典工会的首要政策目标是充分就业（何秉孟，2010），创造60年代瑞典经济辉煌的雷恩—迈德纳（Rehn-Meidner）模式就源于工会联合会的报告。工会不仅承担了宏观上的社会和经济职能，他们还负责管理契约保险形成的基金，这一保险包括病假、老年退休金和职业伤害，雇员工资的5%要支付这一保险。① 根据瑞典法律的规定，失业保险系统也由工会控制，尽管工会建立的失业基金对会员和非会员均开放，但是这些由工会提供的服务，对工会招募会员产生了积极影响。

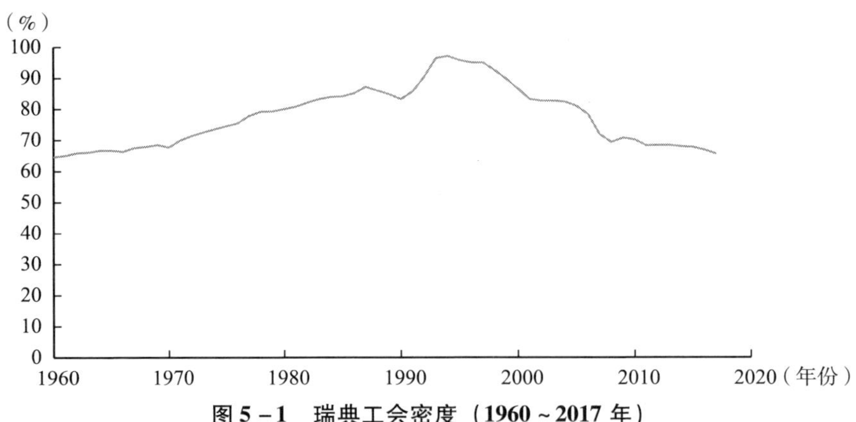

图5-1　瑞典工会密度（1960~2017年）

资料来源：OECD数据库。

① 通常由高峰工会联盟同对应的雇主联盟协商养老金和保险。

1951 年的工会联合会代表大会上，经济学家格斯塔·霍恩（Gosta Rehn）和鲁道夫·迈德纳（Rudolf Meidner）提交了题为《工会和充分就业》的报告，这份报告提出的收入政策主张被称为雷恩—迈德纳模式。报告指出一国经济的首要目标是充分就业，其他目标还有抑制通货膨胀、减少不平等、维护工会的影响力、实现最大增长和提高生产力等。尽管"团结一致的工资政策"（solidarity wage policy）、[①] 积极的劳动力市场政策很早就在工会联合会内部提出，但是这份报告把这两个政策机制以及其他政策机制巧妙的整合起来，以实现充分就业、抑制通货膨胀、减少不平等、促进增长和生产力等政治经济目标。其中，"团结一致的工资政策"扮演了中心角色。"团结一致的工资政策"遵循"同工同酬"原则，通过建立"公平的"工资，不仅实现了不同工作岗位之间的平等，协调了工人阶级内部的不同利益，还能抑制工会提出过高工资要求引发的通货膨胀，实现通货膨胀和失业之间的最佳平衡；更进一步，政策不仅促进实现更高程度的平等，同时促进了产业结构调整，因为那些依靠低工资经营的低效率企业不得不退出市场，而有效率的部门得以扩大（Rehn，1987）。对工人来说，不同部门之间工资差异的缩小，还减少了工人之间因收入差距而产生的鸿沟和剥夺感，也更有助于工人接受不同职业身份的转换，因此，团结的工资政策比差异工资更有利于实现劳动力灵活性和生产灵活性（Rehn，1987）。对于那些从低效率企业中退出的工人，则通过积极的劳动力市场政策找到工作，这些有针对性的劳动力市场政策包括就业介绍机构、再培训、对雇用失业工人的雇主给予工资补贴，公共工程计划等。

雇主一开始强烈反对雷恩—迈德纳模式，但他们反对的是报告给予了工会太大的权力，以及公司税提高的可能性，他们并不反对团结的工资政策。团结的工资政策，在雇主看来，也可以被视为限制工资的政策。后来的事实也表明，受益于工资限制，出口部门的大企业收获了持续增长的利润（萨松，2008；Pontusson & Swenson，1996）。报告里的内容直到 20 世纪 50 年代后半期才最终被采用，

① solidarity wage policy 或 solidaristicwages policy 有很多中文翻译，如"团结一致的工资政策"（见庞晓明翻译的萨松作品《欧洲社会主义百年史》）、也有"团结工资政策"（见刘庸安翻译的怀曼的《瑞典与"第三条道路"：一种宏观经济学的评价》），还有"社会连带主义工资政策"（见王新荣翻译的《资本主义的多样性》）。本书使用第一种和第二种翻译。

此时，中央集体谈判逐渐稳定下来，为团结的工资政策提供了协商框架。

在中央集体谈判系统的形成过程中，雇主扮演了十分积极的角色。战后瑞典的劳动力短缺催生了工资增长和通货膨胀，政府在1949年和1950年试图冻结工资，但最终失败了，雇主提供的实际工资普遍高于冻结工资。1951年，面对紧缺的劳动力市场，政府又呼吁冻结工资以抑制通货膨胀，同样没有多少效力，雇主普遍支付比合同约定更高的工资。对于此次的最高工资冻结，LO和附属工会并不赞同，他们认为工资谈判应该分散，不应该集中化。随后在工资谈判中，很多工会激进地要求工资提高，以弥补在工资冻结时期的损失。受制于会员群体的压力，工会官员不得不仓促地推动工资提升。随后，在1952年政府再一次呼吁工资冻结时，虽然工会同意这一呼吁，但是坚持按生活成本指数调整工资。SAF同意了工会的要求，但是拒绝由独立的雇主协会和工会商定成本指数，必须由联盟SAF与LO共同商定工资增长的幅度。于是，1952年达成了第一个中央级合同。在随后的日程中，雇主联合会积极邀请工会联合会参与到中央工资谈判体系中。1953年，工会再一次响应政府冻结工资的呼吁，答应延长原有合约。到1955年，SAF枉顾中央工资谈判体系事实上是非正式的，需要先征求工会的同意才能开始高峰谈判，单方面要求附属雇主协会在合约变得统一之前不得同工会分别签订合约。因此，工会同雇主协会进行集体谈判的自由和权利被侵犯了。SAF的单方面行动引发了造纸业工人的罢工（作为出口部门，造纸业工会的谈判地位很高，工人的罢工威胁力度很大）。造纸业工会从一开始就抵制高度集中化的工资谈判，并没有参与1952年的中央级合同，也就是说，SAF的举动事实上侵犯了造纸业工会本来具有的自由进行集体谈判的权利。为了应对造纸业工会罢工，SAF威胁关掉涉及大多数产业的大多数工厂。SAF的威胁是有效的，被孤立的造纸工业工会意识到获得LO全力支持的必要性，向LO上交了工资的集体谈判权。最后在社民党政府的协调下，危机解除。1956年，LO最终得到了附属工会的授权进行中央谈判，瑞典的中央谈判体系得以最终确立。这个体系，对雇主群体来说，是很好地约束工资的手段和工具。借助于高度集中的集体谈判，工会也得以推进“团结一致”的工资政策。1966年，公务人员也获得了谈判和罢工的全部权利。

尽管瑞典法律没有明确规定集体协议是否应覆盖非工会成员，但是通常雇主会作出明确或者隐含承诺，不对非工会雇员适用其他雇用条款，法律运用中劳动法院也倾向于认为雇主的此项承诺是集体协议的一部分（Sigeman，2008）。因此，瑞典的集体谈判也覆盖到了非工会成员，如图 5－2 所示，瑞典集体谈判在 20 世纪 60 年代覆盖了 75% 的雇员，略高于工会的雇员覆盖率。

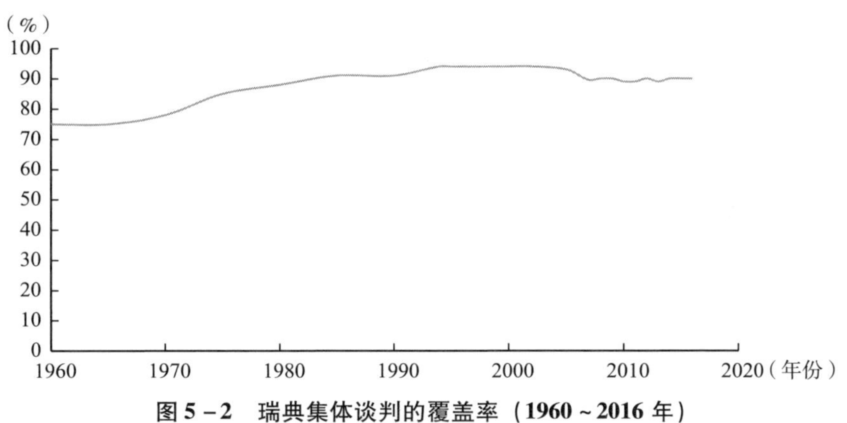

图 5－2　瑞典集体谈判的覆盖率（1960～2016 年）

资料来源：OECD 数据库。

5. 1. 3　传统劳资关系的主要特征

瑞典传统劳资关系的主要特征是高度集中的集体谈判体系和“团结一致的工资政策”。总体来说，尽管团结的工资政策也是瑞典工会联合会的奋斗目标，但是支撑团结工资政策的中央集体谈判更多是在雇主和雇主联合会的推进下达成的，在断断续续中，于 20 世纪 50 年代后半期实现的高度集中的集体谈判体系和“团结一致的工资政策”，持续运行到 20 世纪 70 年代。对雇主来说，集体谈判的中央集权限制了工人工资的过度增长，并且约束了工人罢工，对工会来说，中央协议作为团结工资的载体，削减了高收入者与低收入者的工资差异，促进了阶级团结。因此，高度集中的工资谈判体系对双方各有益处。

然而，团结的工资政策发挥了约束工人工资的作用，收入分配并没有倾向于劳工，毋宁说只是实现了工人之间的工资平均，从总量上来看并没有实现收入从资方向劳方的转移。尤其是那些出口型部门，工资下压推动了本部门的过度积累，也为本部门工人对中央级工资谈判体系的不满和抗议埋下了隐患。

无论是从工会覆盖面、承担的功能还是政治经济影响力上来看，瑞典工会体系无疑是强大的。工会控制了雇员保险系统提高了瑞典工会对雇员的吸引力。工会联合会可以称得上高度集中，LO 的权威得到了联合会章程的保证，控制了罢工权和罢工基金，担负起中央集体谈判的功能。高度集中的工会体系有利于工会之间的团结一致，但是并没有一劳永逸地解决地方主义和合作主义的冲突。“团结一致的工资政策”是在磕磕碰碰中发展起来的，低薪工会可能有意愿推动团结的工资政策，但是高薪工会却倾向于单独谈判，以争取更高的薪酬。为团结工资政策提供支撑的中央集体谈判的重要推动力反而来自作为对立面的雇主组织以及他们的闭厂策略，雇主的行动刺激工会认识到了团结的必要性。1941 年修改联合会章程以提高 LO 管理权的代表大会中，依然有工会代表投出反对票，20 世纪 50 年代上半段在中央集体谈判体系形成的进程中，仍时有罢工、冲突发生。以上诸多表明高度集中模式是不稳定的。

5.2 20 世纪 70 年代后劳资关系的演变

前面一节归纳出瑞典进入 20 世纪 70 年代，劳资关系系统的基本概况。这一节开始描述 20 世纪 70 年代之后劳资关系的演变历程，分为四个部分，其中三部分仿照第 4、5 章的安排：分别是劳资力量对比的变化动态，宏观层面上高度集中的集体谈判体系的发展变化，以及工作场所劳动力管理实践的变化。本节还有一部分用来描述瑞典的经济民主实验——雇员投资基金（employee investment funds）。该基金旨在形成集体资本，推进经济民主（economic democracy）和工业民主（industrial democracy）。虽然这个实验于 1991 年被保守的政党联盟废除，但了解它有助于理解瑞典的劳工运动和劳资关系。

5.2.1　劳资力量对比的演变

自20世纪70年代以来，瑞典资本同样持续进行着空间、技术、产品和金融调整。20世纪80年代，瑞典解除了金融和外汇管制。1983年银行资产流动比例规定的废除，1986年允许国外银行进入瑞典市场，1989年取消外汇管制，加速了瑞典资本的国际化（Whyman，2008）。资本的调整引发了国内产业结构的变迁。如图5－3所示，制造业部门增加值在国民经济中的比重不断下降，从1970年的26%下降到2016年的15%，与之相对，则是其他服务业产值比重的上升，从37%上升到49%。更大的变化体现在就业结构上，如图5－4所示，1970年，制造业和服务业分别提供了经济系统中28%和54%的就业岗位，但是在2016年，制造业提供的就业在国民经济中的比重下降到10%，而服务业则上升到79%。就业结构以服务业为主导的趋势十分明显。相比以制造业为主的经济结构，以服务业就业为主的经济结构为资本提供了更大的优势。

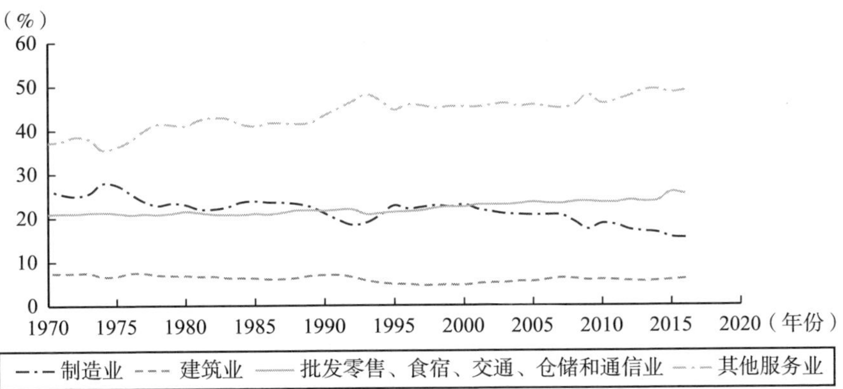

图5－3　瑞典各产业增加值的变迁（1970～2016年）

资料来源：使用世界银行数据计算得到。

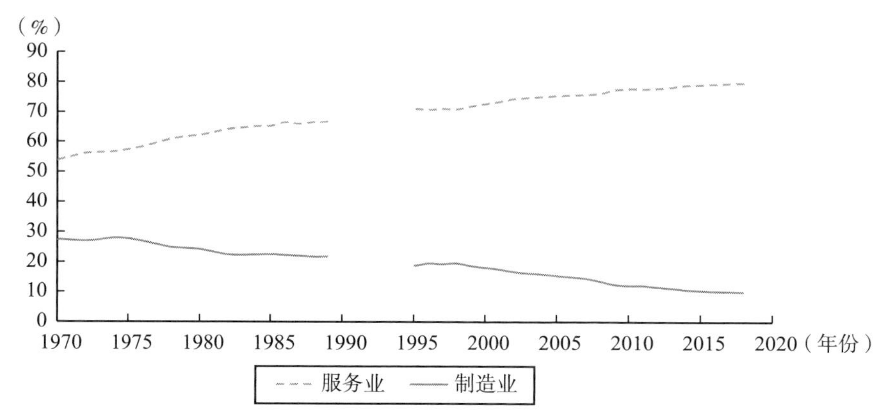

图5－4 瑞典制造业/服务业部门就业的情况（1970～2018年）

资料来源：使用国际劳工部数据计算得到。

在就业结构的变迁进程中，不同于德国和美国，瑞典政府积极扩张公共部门以实现充分就业，因此形成了相对庞大的公共部门就业。在瑞典，医疗、教育和福利等服务主要由公共部门提供（安德森，1990）。参考国际劳工部对公共部门就业的统计资料，2011～2016年，瑞典公共部门提供了总就业中的28%，而美国才提供了14%。

金融部门在瑞典经济中扮演着日益重要的角色。根据阿萨（Assa，2012）的统计，瑞典金融部门就业在总就业中的比例明显上升，在OECD国家中比较靠前。非金融企业的股东价值管理趋向比较明显，1995～2007年，股息收入在非金融部门总营业盈余中的比重翻了四番，不过，2008年金融危机之后，股息收入开始下降，2015年约是1995年的3倍（Hein et al.，2017）。20世纪90年代初，瑞典曾经历了房地产泡沫和银行业崩溃，这一经历对瑞典经济产生了深远影响，瑞典再也没有恢复20世纪90年代之前的低失业率（Freeman，2010）。1992年，瑞典开始实行通货膨胀目标制，1999年，瑞典中央银行获得独立地位，不再受政府和议会影响（Whyman，2008），拆解了金融自由化的最后障碍。以上这些事实表明，同其他发达资本主义国家一样，金融化也是瑞典经济日益显著的标志。在瑞典经济体系中，同样表现出就业结构以服务业主导和金融化的特征。当资本到处寻找最有利的投资条件时，瑞典政府似乎也不得不进一步放松管制以吸引资本和投资，结果提升了资方的相对力量。

与资本力量提升相对应的是瑞典工会运动的衰退。这种衰退没有明显地表现在会员密度数据的变化上。如图5－1所示，两个端点处的工会覆盖率都在60%～70%的水平。但是，瑞典工会密度呈现倒U型变化，瑞典工会在高峰时期（1994年），曾覆盖了97.2%的员工，随后开始衰落，这种下降趋势为未来的发展埋下了隐患。

资本的调整带来了产业变迁，也引发了瑞典工会的雇员职业结构的显著变化，结果是蓝领工人人数的下降和蓝领工会联盟LO覆盖率的下降，与之相对，白领工会联盟职业雇员联合会和专业技术人员联合会的雇员覆盖面上升。但是白领工会联盟是中立的工会组织，他们关注的是内部人的工资水平，不是团结的工资政策以及更深远的工人运动目标。谢尔贝里（Kjellberg，2013）对瑞典工会密度的统计呈现出瑞典三大工会联盟会员的变化对比（如表5－1所示）：LO的会员在瑞典所有有组织工人中的比重不断下降，从1970年的66%下降到2013年的44%，其他两个工会联盟会员所占总工会成员的比例逐渐上升。扮演工会运动核心角色的LO面临着成员萎缩和影响力下降的危机，对瑞典劳工运动的基础造成了不利影响。这是瑞典工会运动衰退的表现。

表5－1　瑞典三大工会联盟拥有会员在总工会成员中的占比　单位:%

时间	工会联合会	职业雇员联合会	专业技术人员联合会
1950	78	17	1
1960	74	21	2
1970	66	28	3
1980	61	31	5
1990	58	34	8
2000	54	32	11
2005	51	33	13
2006	50	33	14
2007	49	33	14
2008	48	34	15
2009	47	34	16

续表

时间	工会联合会	职业雇员联合会	专业技术人员联合会
2010	47	34	16
2011	46	34	16
2012	45	35	16
2013	44	36	17

资料来源：Kjellberg A. Union density and specialist/professional unions in Sweden [J]. Studies in Social Policy, Industrial Relations, Working Life and Mobility, Research Reports, 2013, 2.

分产业来看，不同产业部门的工会组织水平也有差距。根据 2006 年的统计，制造业部门和公共部门的工会组织水平最高，在 85% 以上，其次是建筑部门，约 80%，私人服务业部门的工会密度低于制造业的数据，像批发和零售业的组织密度，约为 65%（何秉孟，2010）。最应该被工会代表的低薪部门反而工会组织程度更低。总体来说，自 1970 年以来，瑞典工会运动也发生了衰退。

5.2.2 高度集中的集体谈判体系的变化

与高工会率对应的是高度覆盖的集体谈判。如图 5-2 所示，从 20 世纪 70 年代开始，集体谈判的覆盖范围开始扩大，员工覆盖率从 1970 年的 78% 上升到 2016 年的 90%。① 集体谈判覆盖率的宏观数据无法呈现瑞典劳资关系系统的变化，瑞典劳资关系的放松管制体现在集体谈判体系的分散化上，从高度集中的管制模式下放到多产业的管制模式。

瑞典中央集体谈判体系的分散化历程始于 20 世纪 80 年代，1983 年工程雇主协会和金属产业工会签订的部门工资协议开启了瑞典集体谈判的分散化，关于这一点，学界基本达成共识。但是 20 世纪 60 年代末期和 70 年代，高度集中的谈判系统的功能发生了不利于雇主的改变，这个体系拉升了低收入者的工资增长，但是高薪群体对工资压制的不满又刺激了高薪群体实际工资增长超出了合约工资，中央集体谈判不再是限

① 在瑞典，受集体协议约束的雇主必须将集体协议适用于所有雇员，这一规定如今已是强制性的。

制工资的收入政策机制，分配的结果越来越偏向劳工，为 20 世纪 80 年代雇主的背叛和攻击埋下了隐患。

1969 年 12 月，国有铁矿公司 LKAB 的一个附属矿厂发生野猫式罢工，随后两天之内蔓延到 LKAB 的其他两个相邻矿厂，矿工要求工资向白领工人看齐，并要求获得和白领工人一样的加班费、轮岗津贴。罢工持续了 57 天，涉及 4800 名工人，最后在 LO 的协调下，通过紧张和漫长的谈判过程，罢工领导人和矿工工会达成和解，矿工最后拿到了 18% 的工资增长，远远超出中央集体合约为他们争取到的工资增长（Swenson，1989）。过去十年，矿工工人的工资的确受到了压制，根据斯文松（1989）的调查，1960 年，矿工工人的工资是产业蓝领工人平均工资的 134%，但在 1970 年，却下降为 120%，与之相对，食品和饮料产业工人拿到的工资、平均工资比从 89% 上升到 95%，纺织和服装产业的工人的平均工资分别由 79% 和 74% 上升到 85% 和 89%。

继矿厂工人罢工之后，随后发生了一系列野猫罢工。1970 年，有记载的产业冲突发生了 250 次，损失 15. 5 万个工作日，相比 1967 年的 35 次劳资争端，增长十分惊人（Whyman，2008）。罢工者的诉求有两个方面，一是提高工资以缩小同白领工人工资的差别，二是实现工业民主。1971 年，来自铁路、法庭、学校部门的 5 万文职人员举行大罢工，最后，专业技术人员联合会为它的白领成员赢得了 17% 的工资增加，而 LO 为蓝领成员争取到的工资增长只有 5% ~7%（格鲁齐，1987）。白领职业雇员对 LO 团结工资政策的不满愈发凸显，并强烈要求维持工人之间的工资差别，最终职业雇员不再把工会的谈判事务交由 LO 处理。20 世纪 70 年代，私人部门白领工会和 1966 年获得谈判和罢工权的公共部门工会形成谈判卡特尔，创立了白领工人的高峰谈判系统。在谈判回合中，白领卡特尔和 LO 往往互相模仿，又提高了工资增长的风险。第一次石油危机期间，LO 过高估计了石油危机对瑞典经济的不利影响，在高峰集体谈判中把工资增长率设置得过低，1974 年和 1975 年间，又爆发了野猫罢工浪潮，争取工资提高，随后又引发了 1975 年和 1976 年的“工资和价格爆炸”（Swenson，1989）。根据相关统计，20 世纪 70 年代中央合同达成的工资增长率只是最终实际工资增长率的一半（Whyman & Burkitt，1993）。20 世纪 70 年代的工资大涨，对于雇主来说就是挤压利润，国际经济衰退的外部环境最终影响到了瑞典经济，又减少了雇主的盈利，引发了雇主对高度集中的集体谈判体系的不满。野猫罢工的成功还对工会联合会的权威造成了威胁，提示地方工会也可以挑战中央集体谈判的传统惯例，但在 1976 年的工会联合会大会上，尽管有个别工会提出集体谈判分散化的动议，并且提出 LO 应当同时下放罢工权利，然而却没有得到多少响应。

处于动荡的国际和国内政治经济环境中，雇主联合会方面也进行了新的战略调整。工资上涨、公共部门膨胀带来的税收负担，在雇主看来是 SAF 没有很好地代表他们的利益。联盟中的大部分成员，尤其是小公司，对 SAF 失去信心，迫使 SAF 制定激进的自由主义战略。20 世纪 70 年代末期，雇主联合会领导层新老更替，带来了雇主联合会战略的重大改变。新的管理层深受新自由主义的影响，他们对瑞典模式中的社团主义缺少历史认识，只能说是勉强接受。在新领导层的带领下，SAF 大力开展意识形态工作，通过一系列出版物，大力推广“自由放任”的意识形态，向目标群体，尤其是年轻人灌输“新自由主义”的理念（Whyman & Burkitt，1993）。

20 世纪 70 年代，瑞典政治也经历了重大变化。1976 年，社民党结束了 44 年的连续执政，资产阶级政党联盟开始执政。虽然联盟赢得了对抗社民党的胜利，联盟内部却存在严重的分歧，同时也确实缺少执政经验，不得不依靠凯恩斯主义政策医治经济衰退。联合政府制定了大规模的工业补贴计划以维持就业和未来的生产能力，对经营困难的公司和制造业部门、国有化公司给予补贴，在公共工程、职业培训、补贴性就业和（或）受保护的工作场所雇用了 5% 的劳动力（Whyman，2008）。结果是政府支出不断扩大，年度赤字迅速增大（见图 1－3），债务上升加快，螺旋式通货膨胀并没有停止（见图 1－2），但是没有经验的资产阶级政党联盟维持住了就业。等到 1982 年，瑞典社民党重新登台后，反而采取了一些市场导向或者说“自由化”的经济政策以提振瑞典经济和解决财政赤字问题。这些政策包括货币贬值 16%，放松金融市场监管，废除外汇管制，对国有企业进行私有化改革，减税，福利紧缩，社会福利地方化和私有化改革，引入职业养老金和私人医疗保健（袁群，2009）。这些政策较为成功地消除了赤字，也没有削减福利权利，并且恢复了贸易平衡，但是削弱了人民群众的购买力，一些保证劳动力再生产的福利机制转变成以利润最大化为目标的资本积累机制，更多的资源流向“定制”的私人方案，被用于资本积累。这些改变更有利于高薪阶层，为瑞典福利机制的普遍主义带来了压力，私有化和紧缩的成本实际上由工人阶级承担了。

在瑞典社民党推行“新自由主义”政治经济实践的20世纪80年代，瑞典的中央集体谈判体系也开始了分散化进程。1983年，雇主联合会的分支工程雇主协会率先发起对中央集体谈判的攻击。工程雇主协会主要由瑞典的制造业跨国巨头控制，产品面向海外市场并受国际经济影响。以实现灵活生产的名义，工程雇主协会要求薪酬制定的灵活性和谈判自主性。工程雇主协会通过向金属产业工人提供更高的工资支付，成功地诱使金属产业工会离开中央集体谈判系统，双方最后达成了部门劳资协议。因为工会联合会中的其他工会坚持高峰谈判，因此SAF与LO当年仍然通过高峰集体谈判产生了一个中央集体合同。但是第二年，SAF坚定地与工程雇主协会站在一起，拒绝进行高峰谈判。来自雇主的拒绝使得中央级工资谈判难以推进，当集体谈判分散到产业层面时，产业工会为了提高工资斗争激烈，不同工会之间又相互竞争和攀比，结果引发了通货膨胀风险和宏观经济的不稳定。1985年社民党政府不得不进行干预，促成一个宽泛的中央协议，以覆盖产业层面的合同。

中央集体谈判出现的裂口，导致工人阶级的“团结一致”的削弱，加速了中央集体谈判体系的分散化。1986年，金属产业工会的领导层公开抨击两个LO附属公共部门工会的工资要求不负责任，私人部门工会对公共部门工会的抨击受到了社会舆论的支持，作为公共部门员工雇主的财政部也表达了明确的不满，并警告公共部门工会，最终只有增税或者裁员才能达成他们的工资要求（Swenson，1991）。SAF十分积极地推动工会—政党联盟以反对公共部门工会，LO在公开场合保持中立，批评社会民主党和金属产业工会对公共部门的抨击违反了原则，尤其工资谈判还在进行中，但是LO的内部政策却对流向公共部门工会的资源施加了限制（Swenson，1991）。最终，在1986年达成了中央协议，但允许市场在工资谈判上发挥更大的作用。分散化的集体协议带来了通货膨胀风险，社民党政府积极致力于恢复中央集体谈判体系以约束通货膨胀。1986年和1987年期间，社民党政府强制执行收入政策，社民党还采取了其他行政手段，包括给中央一级的谈判者施加压力，用财政约束相威胁，冻结物价，禁止罢工和闭厂，利用公共部门雇主的地位树立收入政策的榜样，等等，然而这些政策收效甚微（Pontusson & Swenson，1996）。1988 年，SAF 又坚持只进行产业层面的协商，1989 年的协议类似于 1983 年，工程雇主协会和金属产业工会达成部门协议，SAF 的其他附属协会同 LO 协商。结果证明这些协议具有通货膨胀风险，政府因而在 1991 年又采取了收入政策。雇主的攻击和工会之间的利益冲突，导致高度集中的集体谈判体系的瓦解，社民党试图恢复传统劳资秩序的努力，最终都失败了。1991 年，SAF 高调地撤出高峰谈判，由雇主发动的这场攻击使分散化的目标得以实现，瑞典的中央集体协议至此终结。

受到 20 世纪 80 年代成功分散化的鼓励，加上 20 世纪 90 年代失业率迅速上升（从 1992 年的不到 6% 上升到 1993 年的接近 10%），工程雇主协会在 1993 年进一步宣布集体谈判应该下放到公司层面。面对工程雇主进一步分散化的攻击，LO 以罢工相威胁，并且和 TCO 和 SACO 联合起来抗击雇主进一步分散化的企图。三大工会联盟达成了有效期到 1995 年 3 月的共同防御纲领，迫使雇主进行部门级协商。工程雇主协会在工资谈判上继续分散化的主张遭受来自政府的阻力，也受到了 SAF 内部的阻力，尤其是那些代表小型和中等规模商业的雇主协会。其中最有代表性的是商业雇主协会和出口型资本密集型产业雇主协会，前者代表商业和零售服务部门，并且在雇主联合会系统中的规模和权力仅次于工程雇主协会，后者如林业雇主协会和造纸业雇主协会（Pontusson & Swenson，1996）。对商业雇主来说，他们雇用了很大比例的员工，集中的工资谈判有利于商业雇主控制工资总水平，把整个行业的工资稳定在相同的水平上，避免了工资竞争，集中的谈判体制也有利于约束罢工，而且高工资成本可以通过价格积极转嫁给国内消费者，服务的高价格并不会使他们失去太多市场份额。总之，瑞典商业和零售服务部门雇主的成本—收益分析导致他们认可并积极接受集中的工资协商体系。而出口型资本密集型产业雇主协会对工资成本不敏感，但是对工业冲突引发的生产停滞极度敏感，他们也就反对工资谈判的进一步分散化。面对 SAF 内外部的压力，最终 1993 年，工程雇主签署了一份为期两年的部门级别的合同。1995 年，造纸和纸浆业带头签署了一份为期两年的部门协议，随后达成了一些部门协议，当然，这个举动遭到了工程雇主协会的谴责（菲瑟，1995）。

1997年，SAF附属的12个雇主协会和LO、TCO和SACO中的8个工会共同制定了一个多产业协定，被称为产业协定，该协定于1999年生效。该协定奠定了瑞典劳资集体谈判的多产业协调模式。基于该协定，具有国际竞争力的产业部门的劳资协议被赋予了示范作用，以规范其他部门的劳资谈判和全国范围内劳动力市场工资的确定。1999年，三个工会联合会与SAF会谈，意图达成一份社会协议，但是因为SAF和LO之间的巨大分歧，会谈失败。2000年，政府成立了新的国家调解局（Mediation Authority），取代了原先权力较弱的国家调解员办公室（National Conciliator's Office），建立了协调机制以支持社会伙伴之间的集体协商。国家调解局的主要工作是推进劳资协议达成、调解劳资争议、保障劳资和平。应集体谈判双方要求，国家调解局可任命调解员参与集体谈判以调解双方争议。调解员的任命需获得谈判双方的同意，只有在面临劳资冲突风险时，调解员的任命无须获得劳资双方一致同意。调解员只能劝说劳资双方尽快达成劳资妥协，并可以请求国家调解局对不积极履行协商义务的团体进行罚款，以迫使劳资双方坐到谈判桌前协商，但不能强制劳资双方执行某一协议方案。为了推进全国劳动力市场范围内更有效率地达成工资协议以及确定工资水平，国家调解局支持国际竞争部门在工资制定中的规范性作用，同时借鉴国家的经济预测，既兼顾实际工资增长又兼顾高就业率。因此国家调解局的工作重点也主要针对私营服务业领域，促进后者达成工资协议。国家调解局的工作逻辑是尽量由产业部门自愿达成劳资协议，扮演补充性的角色而不是取代产业部门的自愿协商。在瑞典，不存在法定的最低工资水平，但是由工会和雇主组织制定的产业集体谈判协议往往设定了最低工资水平，并适用于产业内部的所有雇员。在一定程度上，瑞典国家调解局这一协调机制又加强了瑞典劳资集体谈判的集中程度。

2016年，新的产业协定生效，取代了1997年的版本。新的协定增加了一些对瑞典劳资合作的未来展望，也进一步强调了国家层面上对工资和就业条件进行协商合作的重要性，不过也只是做了一个劳资双方在国家层面进行集体谈判的假定。最终，瑞典曾经发挥重要经济功能的中央谈判体系实现了分散化，稳定在多产业层面，并且辅之以国家的协调机制。在全球化的背景下，多产业协调的工资谈判体系既能实现雇主想要的灵活性，也是对强大工会和罢工威胁的约束。但是集体谈判系统的稳定不能掩盖雷恩—迈德纳模式其他方面的衰落。当社民党于 1994 年重新执政后，进一步推行各种“新”的政策，但是首要的经济任务不再是充分就业，而是价格稳定，并且要在三年的任期内稳定公共财政。经济优先项的改变反映出政策依据的经济理论发生了变化。社民党接受了新自由主义的主张，即干预无益于减少失业，只能引发通货膨胀，强调要紧缩和稳定公共财政，中央银行取代了“团结一致的工资政策”在约束通货膨胀中的作用，但是并不能够保证充分就业。雷恩—迈德纳模式基本上消失殆尽，金融去监管、汇率自由、财政平衡，仅剩劳动力市场的协调机制，工会也慢慢萎缩成对工资进行讨价还价的机制，在市场运行中发挥影响力的余地越来越小。瑞典工会功能的萎缩也说明了工会运动的衰退。

5.2.3 雇员投资基金的实验

在西欧争取工业民主的背景下，瑞典工会联合会于 1971 年提出了雇员投资基金的设想并在 1976 年以报告的形式推出，1983 年，经过多次修改的版本最终以立法形式通过，然而在七年的试行期终止后，雇员投资基金于 1991 年被执政的资产阶级联盟政府废除。虽然作为瑞典实行经济民主和工业民主的尝试，雇员投资基金失败了，但它是瑞典劳资关系演变过程中不能忽视的历史事件。对雇员投资基金进行考察，有助于理解瑞典的劳工运动和劳资关系。

按照瑞典社会民主主义的理念，雇员投资基金是一个实现经济民主的方案。但是瑞典定义的“经济民主”同通俗意义上的“经济民主”不同。一般情况下，尤其是在英美文献中，经济民主被理解为员工在一定范围内分享企业所有权以及参与经济报酬的分配，具体的实现形式有企业集体所有制、资本共享、各种员工持股计划、各种形式的利润分享安排等；而“工业民主”作为与经济民主相区别的概念，指企业内部工人参与公司决策，具体的例子有工人担任董事和监事、工作委员会、员工自我管理体系以及共同决定安排等（Pontusson & Kuruvilla，1992）。区分经济民主和工业民主概念的好处在于能够体现资本主义生产体制下工人的民主诉求的多样性。经济民主和工业民主并不是齐头并进的，例如美国的各种雇员持股计划促进了经济民主方面的进展，而在实现工业民主方面并没有多少建树。与割裂经济民主和工业民主不同，瑞典社会民主主义发展出来的经济民主理念强调经济民主和工业民主上的联系和一致性。在瑞典的社会民主主义理念中，经济民主在原则上应能保证和促进工业民主，也就是说，只有保证工业民主的经济民主机制才可能被视为经济上是“民主”的，因此，某些个人持股计划也就不能被归于瑞典版本的“经济民主”方案中。由此可见，瑞典社会民主主义经济民主观体现出更多的集体主义倾向，阿萨德（Asard，1980；1986）把瑞典的经济民主概括为包含微观和宏观两个层面上的设置，微观层面可以被概括为工业民主，而宏观层面则包含公共经济计划以及金融和财务参与计划。具体践行瑞典经济民主观的方案就是雇员投资基金。

同雷恩—迈德纳模式一样，雇员投资基金源自瑞典工会联合会。在1971年工会联合会的代表大会上，提出了雇员投资基金的初步规划，大概的想法是把每年的“超额”利润转换成一笔由雇员管理的基金。雇员投资基金的最初提出，是与团结工资政策和大公司超额利润联系在一起的，而不是对瑞典工人争取工业民主的直接回应。20世纪60年代末期，团结工资政策的推行限制了工人中高薪群体的工资，由此产生的剩余收入“意外的”从劳动向资本的转移，结果导致大公司利润过度积累、垄断加剧和权力集中，违反了工会争取更大程度平等的初衷。“团结一致的工资政策”引发的不利后果，促使工会联合会于1971年推进进一步改革的行动，迈德纳和他的团队得到了委任以提供详细的计划和执行方案。1975年，该团队推出了雇员投资基金的详细草案，在发给工会广泛听取意见之后，又进行了修订，在1976年形成最终稿并在LO大会上发布。

按照迈德纳的设计，雇员投资基金方案旨在实现三个目标：第一，支撑团结一致的工资政策，第二，减轻因为投资和投资收益被资本控制所导致的财富集中和所有权集中，第三，扩大雇员对经济过程的影响（Meidner et al.，2017）。具体的规划是把超额利润转化成社会化的投资：在超过50或100名员工的公司中，拿出10%到30%的利润成立基金，以新增股本形式留在公司内部，避免企业利润减少影响投资。各企业的基金共同形成一个中央控股基金，由工会代表组成的基金董事会控制基金和管理红利（Meidner et al.，2017）。按照迈德纳和LO的规划，在宏观层面，这一集体资本形成的方案修正了资本把利润置于一切之上的投资行为所引发的不利后果，不仅有助于实现充分就业，也减少了因团结工资政策导致的剩余收入从劳动向资本的转移，支撑了团结一致的工资政策，强化了平等和福利；在企业层面，雇员投资基金的代表权交给了工会，提高了雇员在工作场所中的影响。该方案实现工业民主的关键设计在于雇员投资基金是集体持股，而不是个人持股，工会作为股权的代表和执行人，使用集体投票权参与到公司决策中，因此，这种集体持股计划保证了工业民主。迈德纳给出了反对个人持股的三个理由：第一，个人持股破坏雇员团结，但是基金的提出是为了加强雇员团结；第二，公司事实上由少数股东支配（迈德纳在调研中发现，90% 的企业年度会议只有大约 1% 的股东出席），通过所有权扩散实现工业民主并不现实；第三，基金的设计是让工人集体参与资本形成，任何允许个人股份从企业中剥离并出售的所有权计划，都会破坏这种经济民主（Burkitt & Whyman，1994）。因此，雇员投资基金的“集体主义”安排保证了企业内部的工业民主，诠释了瑞典社会民主主义的经济民主观。这种观念强调了经济民主应具有“社会主义”的内容，“经济民主”应当融合微观层面上的工业民主和通过集体所有制在宏观经济层面实现的经济民主。

如果按照 1976 年的版本施行，雇员投资基金计划在比较长的时间内可能逐步改变所有制结构和生产关系，最终结果是公有制取代资本所有制。因此，雇员投资基金被雇主和雇主联合会定性为对资本主义生产关系的正面进攻，自然，雇主方面和资产阶级政党强烈反对和攻击雇员投资基金。来自社民党高层的意见也是负面的，有的坚持反对雇员投资基金计划的核心思想，认为该计划将威胁多元社会，也有的担心计划可能引发灾难性的政治后果。无论如何，对谨慎的社民党看来，这份经济民主计划风险太大，它意味着对资本主义的否定，而不是在资本主义框架内进行改良。对社民党来说，他们寻求连任的战略更应该以保守防御型为主，而不是一个可能引发资本外逃和经济衰退的激进计划。1976 年，社民党下台，事后的选举调查表明社民党的失败和雇员投资基金计划的关系不是太大，后者只是一个很小的因素，并且原因还在于社民党回避的态度和模棱两可的立场（Whyman，2008）。社民党下台后，立法的进程随之终止，但是社民党在野时期，对计划的进一步讨论和修改持续进行着，以应对雇主和反对党派的攻击和反对。但是无论如何妥协，雇主和反对党派仍然不让步。雇主协会动员了声势浩大的抗议游行反对雇员投资基金计划。据估计，雇主联合会花费了5.5亿~6亿克朗用于反对雇员投资基金计划，从资金上看，至少比工会联合会多10倍（Whyman，2008）。

在1983年议会中，雇员投资基金计划以微弱的优势通过，社民党成员全部投了赞成票，资产阶级党派全部投了反对票，虽然共产党并不满意法案，但是也不支持资产阶级政党对法案的立场，投了弃权票（Asard，1986）。但是，最终通过的版本经济民主和工业民主的内容已经削弱和淡化了许多，为了应对来自雇主和其他党派的抵制，雇员投资基金法案早已修改得面目全非。

除刚开始设定的三个目标外，新版雇员投资基金引入了第四个目标——促进产业集体资本的形成，以促进生产和技术投资、创造就业（Asard，1980）。前三个目标仍和1976年版本设定的目标保持形式上的一致性，但是新版雇员投资基金再分配和经济民主的目标已经不再突出，更加强调的是雇员基金计划和资本的关系，以及对宏观经济的贡献，即在不引发工资成本型通货膨胀的情况下推进利润增长，并且补充技术进步和创新风险资本的供应（Whyman，2008）。在具体规划上，1983年的版本规定雇员投资基金由五个独立的投资基金组成，但是雇员投资基金不再是独立的基金，而是被归到瑞典的补充养老金体系（supplemental pension system，ATP）中，受立法影响的公司以现金而不是股票的形式向ATP缴纳资金，ATP每年向五个投资基金分配4亿瑞典克朗。从缴费资金来源来看，不仅包括对利润的征税，还包括对工资和薪金征收的0.2%工资税，受到影响的雇主所缴纳的利润相比最初版本已经大大减少，并且这些金额在下一年中免税，因此，流入雇员投资基金的资金只有一半缴纳是公司的实际成本（Burkitt & Whyman，1994）。根据相关统计，最终流入基金的总资金大约2/3来自工资（Burkitt & Whyman，1994），很明显，支持该基金的资金更多源于工人的工资而不是资本家的利润。为了保护私人企业不被雇员投资基金收购，立法还规定每只基金不能够控制超过一个企业8%的具有投票权的股票，国民养老金的第四只基金不能超过10%，因此，即使国家基金协同运作，也无法控制一家企业过一半的股票投票权（Burkitt & Whyman，1994）。总体来看，与1976年的报告相比，1983年立法确认的版本失去了与具体企业层面上工业民主的联系，没有足够的投票权，也没有提高雇员的工厂参与权。受限于十分有限的规模和范围，雇员投资基金稳定宏观经济的作用微乎其微，当然更不要说在实现经济民主愿景方面的作用。但是运行中的雇员投资基金获得了很好的财务业绩，在 7 年的运营时间里，基金的股票市值实现了 11% 的增长，远远超出养老金 3% 的实际回报率（Burkitt & Whyman，1994）。相比私人金融部门的投资，安全性也更高。雇员投资基金优秀的财务表现受益于经济复苏，不过，雇员投资基金的投资组合表现出较高的周转率（Burkitt & Whyman，1994），这表明雇员投资基金的投机行为相当活跃。按照立法的规划，雇员投资基金应采取长期投资策略，与基金管理人的短线操作形成了鲜明对比，这可能根源于基金管理人追求良好财务表现的愿望。正如庞图松和库卢维拉（Pontusson & Kuruvilla，1992）指出，围绕着雇员投资基金产生了足够大的政治争议，对于基金的管理人来说，他们作为雇员投资基金的支持者，需要在尽量短的时期内为基金的合法性提供现实依据，良好的财务表现是唯一的证明手段。正是基于对良好财务表现的追求，基金管理人不可避免地倾向于短线操作，结果就是，雇员投资基金在实际运作中偏离了立法所设定的长期投资标准。

1983 年的立法规定了 7 年的试行期，经过短暂的 7 年运行期后，尽管基金的财务业绩优良，满足来自市场的评价标准，自 1976 年以来再一次执政的资产阶级联盟政府还是于 1991 年废除了雇员投资基金。这标志着瑞典经济民主实验的结束。作为瑞典工人运动在 20 世纪七八十年代的成果，雇员投资基金的历程说明在资本主义制度下，通过议会民主实现社会主义困难重重，希望渺茫。

5.2.4　工作场所劳动力管理实践的变化

尽管瑞典拥有强大的劳工运动基础，为工人争取到较高的工资和福利，但是福特制下的工作场所依然实行科学管理，如何使用劳动力是管理方的特权。受制于机器和流水线，工作场所的瑞典工人自然没有多少工作满意度。1966 年，雇主联合会成立了一个技术部门，研究如何将生产力和工作满意度结合起来，并在一家大型钢铁企业开展了工作—生活（work-life）实验，实验的内容有工作小组、轮换工作、提高工作充实度、与生产目标挂钩设立激励薪酬等，20 世纪 70 年代，在沃尔沃的一家工厂，雇主建立了自福特时代以来第一个没有传送带的工作场所（Tengblad & Andersson，2014）。虽然这些工厂有许多创新，但诸多特征表明它们的管理仍然是泰勒式的，虽然不使用传送带，但是由一辆自动运货车把半成品运送到下一加工环节，每个环节上的工人只有 3 ~ 4 分钟的时间来完成工作（Tengblad & Andersson，2014）。雇主在工作场所进行的各种创新，表面上提高了工人的工作自由，但实际上管理方的控制并没有削弱。

在 20 世纪 60 年代末期和 70 年代的罢工潮中，劳工不仅提出提高工资的诉求，也强烈要求提高员工在工作场所的影响力，基层工会和劳工群体强烈要求高峰组织 LO 采取措施推进工作场所工业民主。最初，LO 试图与雇主协会通过中央集体谈判推进工作场所民主，但是雇主十分强硬，阻力重重，相关谈判难以进行下去，随后 LO 改变了努力方向，与社会民主党通过立法推进工作场所劳工和雇主的权利平等。

1973 年，瑞典开始引入相关的工作场所共决法。1973 年的立法在董事会中引入雇员代表，规定在雇用人数超过一定数目的企业，如果工会要求进入董事会，董事会应当按照工会的要求设置两名工人代表，工人代表除了不能参与劳资谈判事宜的表决之外，其他权利与董事会其他成员一样。该法在 1987 年进行了进一步修正，工人代表制被拓展到雇员超过 25 人的瑞典企业，并规定在雇用人员超 1000 人且实行多元化经营的企业中，可以设置 3 名工人代表列席董事会，人选由地方工会确定。1974 年通过了工会代表法，进一步拓展了工会在工作场所的权利，工会代表在工作场所履行职责时受到保护，雇主不得干预，并且工会活动时间计入雇员的工时中。1976 年，通过了工作场所共同决策法（MBL），进一步扩大了共决的范围。按照瑞典劳动法的集体主义传统，制衡管理特权的权利同样授予了工会而不是个体雇员，雇主作出决定之前必须与工会协商或磋商（Sigeman，2008）。因为雇主和 SAF 对立法的强烈反对和干预，直到 1982 年，LO，SAF 和 PTK① 才达成私营部门集体合同，规划了工作场所实行共决的具体操作方案和步骤，合同提供了三种共决模式：工会与资方的集体谈判、资方与工人小组协商、合作型的信息和共同参与机制，但是只签订了极少数的地方性合同，许多公司虽然建立了协商机构

① PTK 是一个负责劳资谈判的卡特尔组织，代表私营部门的白领员工和教师。

和项目小组，但是这些机构和小组并没有明确的法律地位，是非正式的（Sigeman，2008）。1982 年关于效率的规定又授予了雇主一系列独立处理权，雇主可以用效率的名义逃避共同决策的义务。

以上几部立法为瑞典工作场所共决提供了法律基础。对于在工会积极推动下由立法部门确定的工作场所立法，不同阶级和利益集团的看法迥然不同。雇主认为立法限制了决策过程、提高了生产成本，降低了生产效率。但是工会认为立法不尽如人意，并没有显著改变工作场所资方和劳方的权利失衡问题，因此对工会和工人来说，这些旨在实现工业民主的立法和议案的最终结果令人失望。毫无疑问，20 世纪 70 年代和 80 年代的劳工运动成果相比工业民主的大愿景还是失败了，但是实现工业民主的运动仍然带来了一系列积极改变，这主要体现在有关的立法上面。这些立法在瑞典公司中尤其是大公司中实施雇员和工会参与，以制度的形式限制了工作场所管理人的特权。

进入到 20 世纪 90 年代，瑞典工业民主运动基本退潮，取而代之的是工作场所的组织创新和人事管理改革。此时，电力和自动化技术行业取代了汽车行业在工作—生活改革中的主导角色。电力和自动化技术厂商 ABB 在 1991 年启动了 T50 计划，以实现提高生产率、客户满意度和灵活生产三个目标，生产、管理和分销的前置时间被要求减少一半，还要培养一种以客户价值为中心的企业文化（Tengblad & Andersson，2014）。T50 计划引入“生产领导人”替代监督员以实现管理创新，该生产领导人负责两三个工作组，为工作组提供指导，以及处理薪酬、个人发展、咨询等人力资源管理问题。在精益生产的全球背景下，这份由瑞典领先制造商开创的 T50 计划似乎仿照了日本的“丰田生产方式”，堪称瑞典版本的精益生产管理。

20 世纪 90 年代末期，具有瑞典特色的工作场所组织形式和工作实践开始被概念化，对应的英文单词是 co-workership，但是在英语世界并不流行，参考相关中文翻译，本书采用“合作劳动者”这一翻译。[①] 大

---

① “合作劳动者”来自王新荣（2017）对西伦（2001）的文章 Varieties of labor politics in the developed democracies 出现的“co-worker”这一词汇的翻译，一般情况下，“co-worker”被翻译成“合作者”“共同工作者”，但是“合作劳动者”这个翻译更能体现瑞典的劳工传统，因此，本书引用了王新荣（2017）的“合作劳动者”作为“co-worker”以及“co-workership”的中文对应翻译。

体上看，合作劳动者实践和其他流行的、理想型的人力资源管理创新类似，管理层只保留少数正式的决策权，但是相关日常工作的规划和执行由工人或工作组承担，经理的角色不是监督和管理，而是创造某一种包容性的氛围，激励员工、促进工作和员工个人发展。瑞典学者安德森和滕布拉德（Andersson & Tengblad，2007）总结了构成合作劳动者规范模型的四对概念：互信和开放，团体和合作，承诺和意义，责任和代理。这些好词汇事实上也构成了大多数管理教科书所发扬的现代管理的"本质"，强调工作场所中员工与管理者之间的相互信任和合作，强调平等、包容的工作氛围，强调每一个人都积极主动、承担责任、努力工作，强调员工对企业和工作内容具有归属感和自豪感。

通过与其他流行管理理念对比，有助于凸显合作劳动者的特色。例如，作为一种管理理念的"赋权"（empowerment）通过向工人移交管理责任以加强工人的地位，强调自主性，员工获得了更多的自由但也担负更多的责任；而作为管理理念的"追随力"（followership）和"组织公民行为"（OCB）侧重于提高工人追随组织和领导的能力，加强员工对组织和领导的依赖性，前者通过"忠诚"，后者通过"奉献"，使管理者与员工以利他的方式工作（Andersson & Tengblad，2007）。与这三个理念相比，合作劳动者则侧重于加强管理者与员工之间的关系，提高管理者与员工之间的相互依赖性，强调协同，而不是单纯提高一方面对另一方面的依赖（Andersson & Tengblad，2007）。为了实现这种协同，瑞典在人事工作的组织上进行创新，不同级别的管理人员被要求在人力资源管理实务上负担更大的责任，例如招聘、能力发展和工作环境等方面，而不是像英美企业那样由专门的人事部门负责人力资源管理；在工作管理上，运营经理只承担一般的管理职能，运营经理的监督职能被废除或者减少，像组织、协调和控制等其他管理职能则相对弱化，日常工作规划和工作任务分配等监督任务随之被委托给半自治的工作组，员工的角色就转向了合作劳动者（Andersson et al.，2011；Tengblad & Andersson，2014）。

由以上比较可见，在组织等其他管理职能的设置上，有一些规范因素保证了合作劳动者比人力资源管理能更稳定地发挥工作场所的"人性化"和"公平"管理，促进管理层和员工的合作，合作劳动者不仅覆盖了高薪雇员群体，也慢慢推广到低薪部门。根据安德森等（2011）

的调查，合作劳动者管理也拓展到了瑞典的零售业部门，并且显著提升了瑞典零售业部门的生产力，瑞典零售业部门的生产率比欧盟零售业的平均生产率高出46%，比美国高14%。尽管瑞典零售业也顺应了价格竞争的国际潮流，但是零售业并没有采取低端就业战略——也就是依赖于低技能和低工资的雇员。滕布拉德和安德森（2014）更新的调查指出在工业、服务业和公共部门内，采用合作劳动者的管理实践已成为瑞典的主要趋势。

很明显，瑞典普遍和强大的工会以及共同决策立法，为微观层面的合作劳动者提供了有力的制度支撑。20世纪80年代和90年代的分散化改革推动了劳资协商从宏观层面下放到部门和企业层面，扩大了基层工会的权利，刺激了工作场所领域的劳资合作。得益于制度上的支持，在瑞典，管理的各种“先进理念”的实践也就不是偶然，而是更加的常态化。瑞典良好的劳资合作的传统也为工作场所的合作劳动者提供了历史和文化的支持。

5.3 小　　结

总体来说，社会民主主义国家瑞典具有强大的工会运动基础。高覆盖率只是工会强大的表现之一。工会系统的集中程度较高，通过对成员工会罢工权和罢工基金的控制，工会联盟的组织性和团结一致得到了制度保证。瑞典工会负责管理契约保险形成的基金和失业基金，又提高了工会对工人的吸引力。蓝领工会联盟LO在瑞典工会运动中扮演着支柱性角色，积极参与经济社会政策制定，发挥了重要的经济、政治、社会功能。工人运动的另一分支是强大的左翼政党，作为工人阶级的政党，瑞典社会民主党于1932年开始组阁，并在之后绝大多数时间里作为执政党，社会民主党实行了“功能社会主义”的路线，积极促成雇主、工会和政府之间的三方合作。

20世纪70年代之前瑞典形成了由工会联合会和雇主联合会协商的中央工资谈判体系和“团结一致的工资政策”，同时集体谈判的覆盖率很高。但是瑞典劳资双方的合作和协调更多体现在中央层面和宏观层面，在工作场所实行的依然是科学管理。

经历几十年的变化，与 20 世纪 70 年代之前相比，瑞典现阶段劳资力量对比更有利于资本，劳资关系的放松管制表现在从高度集中的模式分散到多产业层面。在工作场所，20 世纪七八十年代，共决制被引入瑞典公司，对工作场所管理的特权施加了制度约束，90 年代形成了瑞典特色的人力资源管理：合作劳动者。在严格意义上，合作劳动者也是管理方控制的人力资源管理实践，但是通过一些组织创新对管理层的单边主义施加了约束，瑞典普遍且强大的工会以及劳资合作的传统也为“合作劳动者”提供了制度支撑。目前来看，产业层面的集体谈判和工作场所的合作劳动者形成了瑞典劳资关系系统的基本框架，普遍和强大的工会发挥了维持均衡的支柱性作用。社民党政府在新的稳定局面达成的进程中，也发挥十分积极的作用。政府也凭借其更有强制力的监督和制裁地位，刺激了经济体系中劳资协调的集中度、稳定性和普遍性。

在以上描述的这段历史时期中，瑞典还展开了一个经济民主的实验——雇员投资基金。雇员投资基金计划的最终结果是公有制取代资本所有制。这个从一开始就招致了雇主和资产阶级政党强烈反对和攻击的计划，最终在 1983 年被政治上极为谨慎的社民党通过的版本也失去了雇员投资基金的本质性内容，变成了类似于补充养老保险的投资基金。尽管财务业绩优良，1991 年，雇员投资基金还是被再一次执政的资产阶级政党联盟废除。这个被终止了的雇员投资基金实验一方面诠释了瑞典工人运动集体所有制的构想，另一方面也诠释了在资本主义生产环境中，通过议会民主实现社会主义所面对的重重困难。

第6章　美国、德国和瑞典的比较

第3、4、5章描述了20世纪70年代以来美国、德国、瑞典三国劳资关系演变的历程，本章进一步归纳出三个国家劳资关系演变的相似和差异。这一章分为三部分：第一部分具体呈现出三个国家劳资关系演变的相似性；第二部分则具体比较三个国家在20世纪70年代之前的劳资关系系统以及如今的劳资关系系统；第三部分使用相关指标，从数量上呈现三个国家劳资关系系统的差异。

6.1　劳资关系演变相似的表现

自20世纪70年代新自由主义兴起以来，美国、德国、瑞典三国劳资力量对比的动态越来越有利于资方。与20世纪70年代之前比较，资方的权力相对提升，而工会运动则发生了衰落。劳资力量对比的变化为劳资关系去管制带来了压力，三个国家的劳资关系系统或多或少呈现出放松管制的变化。

一方面，相较于20世纪70年代之前，资本的权力得到了很大提升。通过空间、技术、产品和金融调整，资本塑造了遍布全球的优势地位，不仅仅限于美国、德国和瑞典。1970～2016年，美国制造业就业在总就业中的比重从26%下降到10%，与之相对，服务业就业从61%上升到81%；德国制造业提供岗位的数量在总就业中的比重从49%下降到19%，与之相对，服务业岗位从41%上升到71%；瑞典制造业部门在国民经济中的就业比重从28%下降到10%，与之相对，服务业从54%上升到79%。在服务业主导的就业结构条件下，对高技能劳动力的需求相对减少，临时工作和不稳定岗位增多，雇主很容易找到替代的员工，工人同雇主在市场上讨价还价的力量因而被削弱。加上工作场所弹性管理的发展，组织罢工尤其是大规模罢工的可能性也相对减小了。在市场和工作场所层面，工人的力量都相对下降，对雇主施加的束缚减少，结果在三个国家内部，资本的力量相对提升。与此同时，经济的金融化和金融的自由化也使资方的力量得到强化。美国资本积累机制的金融化程度最高。金融化提升了美国公共政策领域资本的话语权，企业普遍采用股东价值管理模式，资本退出和转移的壁垒很低，劳动力再生产被裹挟进金融化进程中，劳工越来越依赖而不太能够挑战个别资本家的利益。德国金融化的主要表现是公司治理由利益相关者管理转向股东价值管理模式，从长期投资转向面向资本市场行情的短期投资。这种改变一方面提高了资本的流动性，也就提升了资本的支配力，另一方面破坏了利益相关者治理下的管理—雇员参与，削弱了依托这种机制才可以维持的劳动者权利。在具有鲜明的社会民主主义传统的瑞典，金融化也扮演着日益重要的角色。受到金融自由化潮流的冲击，瑞典也不得不解除和放松金融和外汇管制以吸引资本和投资。金融化（和金融自由化）作为一种机制，明显提升了资本在三个发达国家政治经济系统中的地位和权力。

另一方面，则是工会运动的衰退。工会密度的下降基本能捕捉到美国经济型工联主义衰退的全部，1970～2016年，工会密度从25%下降到10%，私营部门尤其是私营服务业部门的工会代表程度更低。同时，罢工的组织能力也显著下降，工会联盟的分裂和冲突日益公开化。服务业工会组成的“变求赢”联盟脱离劳联—产联，致力于探索新型组织方式的行动尚未产生多少积极成果，并且“变求赢”联盟也经历了内部分裂的问题。德国工会也经历了明显的衰退。工会密度从1970年的32%下降到2016年的17%。德国工会体系还经历了明显的去组织化，工会日益萎缩成核心工人的代表机制，消解了德国工会“团结一致”的阶级性和目标。德国工会通过并购以应对产业结构变迁、会员率下降、财政短缺以及工会活动边界争议带来的挑战，但并没有有效扭转德国工会运动总体上的衰退趋势。因合并带来的局部势力提升又在一定程度上加剧了德国工会联盟系统的无组织和混乱。瑞典工会的衰退并不反映在全国平均工会密度上。平均工会密度相较于1970年并没有什么变化，但是需要提及的是1994年瑞典工会密度一度达到97%，随后则回落，到 2016 年下降至 67%。这种下降趋势加深了对工会衰退的担忧。瑞典工会运动的衰退表现在左翼工会联盟的衰退。雇员覆盖面日益提高的白领工会联盟是中立的工会组织，在工会运动中扮演支柱角色的蓝领工会联盟的雇员覆盖范围明显下降，恶化了左翼工会运动的力量和影响力。雷恩—迈德纳模式的基本退却，新自由主义政治经济实践的流行，更是恶化了工会在经济运行中的控制力。

总之，相较于 20 世纪 70 年代，现阶段劳资关系的演变趋势是力量对比越来越有利于资方。此外，对劳资关系演变进程中国家行动的分析表明，不同国家也采取了程度不一的新自由主义实践。例如，美国里根总统不仅积极推进各种自由化和放松管制的政治经济实践，还凭借国家的力量打击工会运动，在克林顿任期，他又推行了积极的劳动力市场政策；在德国，自 20 世纪 80 年代起，政府大力推行提高劳动力市场弹性的政策；瑞典采用了越来越多"新自由主义经济学"建议的经济政策，解除对金融和汇率的控制，稳定财政，赋予了中央银行独立性。这些经济政策加剧了劳资力量对比向资方倾斜。

全球化、去工业化、弹性生产、金融化看上去是不可避免的经济结构调整的自然的结果，不包含任何不良的动机，甚至被说成出于"高尚"的自由主义原教旨，但是产生了深远的政治经济后果。由资本主义社会固有的阶级结构和社会矛盾所决定，这种生产力结构调整实现的社会关系形式，必然是资本权力高度膨胀和财富分配不平等加大。而与资本相抗衡的政治力量，无论是劳工运动，还是议会民主形式的国家政治，都显示出对资本的强势的妥协和顺从。

在劳资力量对比向资方倾斜的压力下，三个国家的劳资关系系统都在不同程度上表现出了放松管制。拿宏观层面发生的变化来说：美国劳资关系体系普遍放松管制，工会覆盖率很低，私营部门员工的覆盖率更低，集体谈判范围萎缩严重；德国产业集体谈判的正式结构没有发生变化，仍由工会和雇主协会进行谈判，但最终的决定权分散到企业层面，同时，集体谈判的雇员覆盖面也下降了；瑞典高度集中的集体谈判体系也发生了分散化，劳资谈判下放到产业层面，从国家层面的管制模式变成多产业协调的管制。劳资关系放松管制的表现不仅发生在美国这样的自由市场经济国家中，也发生在德国和瑞典这样的协调市场经济模式中。在美国和德国，能够找到足够多的去管制对劳工不利影响的明显证据。在瑞典，多产业协商的工资谈判体系实现了雇主想要的灵活性，但这种分散化销蚀了工人的阶级共识，远离了“同工同酬”和“团结一致”的目标，扩大了不同部门和企业工人的收入差距。

结合三个国家劳资力量平衡发生的变化和劳资关系放松管制的表现，劳资力量平衡变化的具体表现在很大程度上“塑造”了劳资关系放松管制的表现。美国高度去工业化，瑞典同样表现出高度去工业化，美国是高度金融化，瑞典也表现出金融化（尽管两个国家的金融化程度无法比较）。但是两个国家工会组织程度明显不同。前者工会运动迅速衰退，如今表现出碎片化的特征，结果是（高度去工业化和高度金融化系统中）高度膨胀的资本权力所支配的普遍放松管制的劳资关系。依托于补余式的福利体系，工资低于生存工资水平的工人得以维持生存。但是后者工会的覆盖率普遍很高，不过不同产业部门的工会覆盖率也有差异（批发和零售业等低薪部门的工会覆盖率低于全国平均水平）并且不同产业部门的工会分歧战胜了工人阶级团结一致的政治目标。出口制造业部门工会和面向国内的经济部门工会的分歧被出口制造业雇主利用，推进了高度集中的集体谈判体系的分散化（这种高度集中的管制模式是瑞典历史上的“团结一致工资政策”的必要条件），受职业结构变迁的影响，左翼工会联盟的影响力和权力下降。最终，中央集体谈判机制和“团结一致的工资政策”退却，但是最终多产业协调的集体协议保证了生存工资底线。虽然是制造业强国，但是德国也呈现出较高程度的去工业化（德国金融化的表现和影响在于促使公司治理由利益相关者治理向股东价值管理转变，破坏了利益相关者治理下的管理—雇员参与，也就破坏了德国劳资关系二元体系的微观基础）。在制造业的衰落趋势中，激进的、组织良好的制造业部门工会（金属产业工会）并不能够阻止中小型雇主退出雇主协会以及退出由雇主协会和产业工会进行的劳资集体谈判，工会也就逐渐萎缩成核心工人的代表机制，集体谈判覆盖了越来越少的雇员群体，并且集体协议的最终决定权也分散到企业层面。德国政府最终设立了最低工资委员会，引入最低工资制度以保证低薪工人得到生存工资。①

① 德国和美国最低工资的设定机制不同。在德国，最低工资标准的确定在很大程度上是行政问题，而在美国，最低工资的设定是一个立法问题。

6.2 劳资关系系统之间扩大的差异

劳资关系放松管制的压力和表现并不意味着美国、德国、瑞典劳资关系的同质化。事实上，无论是市场层面还是工作场所，只有美国的劳资关系系统普遍放松管制。尽管德国社会伙伴关系表现出的无组织有些“出乎意料”（工会联盟系统逐渐脱离“团结一致”的目标，工作委员会日益采取企业共同管理人视角而不是工人视角，与工会日益疏远，中小型雇主不断退出雇主协会，雇主协会日益无组织），但是，德国劳资关系系统还保持着完善的法律管制形式和比较稳定的协调结构，同自由市场经济模式有明显差异。瑞典是在多产业层面上达到了新的管制稳定，在工作场所还引入了工会管制。通过比较可以看出，20 世纪 70 年代之前和现阶段的劳资关系制度安排，三国的差异确实是加大了。

20 世纪 70 年代前，美国劳资关系体系还具备工会产业关系的框架。核心产业发展出了制度化的集体谈判，覆盖了 25% 的美国雇员；工会同雇主制定的集体协议不仅仅包含经济条款，还包含具体的工作场所实践的规定，工会在工作场所还发挥着管理的功能，管理的单边主义受到了约束，在非工会覆盖的部门，实行由管理方控制的人事管理，在新兴高科技部门，出现了人力资源管理的具体实践。在德国，劳资关系系统的二元框架基本形成。在产业层面由雇主协会和工会进行集体谈判，产业集体谈判取决于雇主协会的雇员覆盖率，由于大多数雇主参与了雇主协会，集体谈判覆盖了 85% 的德国雇员；在工作场所引入了监事会和工作委员会等共同决策机制。监事会制度的具体形式有：煤钢大企业劳资人数对等的监事会制度，雇员超过 500 人的企业 1/3 雇员代表的监事会制度。覆盖面更广泛的工作委员会只具备十分有限的协商权利，只有在解雇和招聘时、公司改变经营目标或关闭企业时有发声的权利。法律还授予了工作委员会独立于工会的法律地位，工作委员会不仅代表员工利益，也有义务同雇主合作。瑞典形成了由工会联合会 LO 和雇主联合会 SAF 参与的中央集体谈判机制以及“团结一致的工资政策”，覆盖了 78% 的瑞典雇员，缩小了全国劳动者之间的工资差异。高度集中的体制限制了基层工会的权利，在具体的工作场所，基层工会并没有什么权利，工作场所由管理方单边控制，实行科学管理。

在 20 世纪 70 年代之前，综合集体谈判和工作场所劳动力管理实践两个方面，三个国家的差距比想象的要小。瑞典和德国集体谈判体系的覆盖面高于美国，并且集体谈判相对集中，瑞典在国家层面进行协商，德国在产业层面协商。但是在劳动力管理实践上，凭借企业层面劳资协议的灵活性，美国工会不仅代表工人同雇主就工资进行协商，也可以就具体的工作场所管理问题同雇主协商。德国日后著名的工作场所共决制尚处于初步阶段，只给予了员工极其有限的共决权利。而瑞典基层工会可能受限于高度集中的工会系统以及高峰联盟制定的中央协议，在工作场所不能干涉雇主的管理自由。美国工作场所良好的工作管理实践补偿了集体谈判员工覆盖率低导致的“评分劣势”。

几十年的发展进程中，美国、德国、瑞典的劳资关系演变，在相同的资本主义的基本经济关系即雇用劳动制度的框架内，呈现出不同的特点。按照纯粹的、无差别的自由市场模型可能会错过三个发达资本主义经济体的特点和差异，但是资本主义多样性方法明确了通过不同的、具体的框架来捕捉三个国家劳资关系演变历程的不同。如今，美国的劳资关系系统普遍放松管制。集体谈判萎缩，只覆盖了 10% 的雇员，私营部门的覆盖率更低，2014 年提高最低工资的立法失败；在工作场所，伴随着工会的衰落，工会代表的劳动力管理实践萎缩，作为稳定劳动力的管理方控制方案，于 20 世纪 60 年代发展起来的人力资源管理，最终完成了对美国工会参与工作场所管理的取代，恢复了所谓的“管理的自由”，即资本统治劳动的权力。20 世纪 70 年代，卡特总统和工会曾尝试改革劳工法律，但是以失败告终，未能改变美国工会运动衰退的发展趋势。在产业层面，因为中小型雇主退出雇主协会，德国集体谈判的覆盖面下滑，如今只覆盖了 56% 的德国雇员；产业集体谈判的形式架构还保持完整，由雇主协会和工会进行产业集体协商，但最终的决定权下放到企业层面。2015 年德国政府首次引入最低工资制度以解决利润对工资的侵蚀。20 世纪 70 年代，德国工作场所员工共同决策的相关法律得到了进一步的修订和增补，推进了工作场所共决。立法将劳资人数对等的监事会制度拓展到雇员超过 2000 人的企业（但是规定雇员代表中必须有一名高级职员，同时委员会主席由股东选举产生）。工作委员会立法扩展了共决事项范围，企业人事和社会事务的共决，工作委员会都能参与共决，并且关于企业生产、技术和经济财务方面的信息，工作委员会享有知情权。在新的立法中，工会也可以不受限制地进入公司发起工作委员会选举，拓展了工会在工作场所的权利。考虑到工作委员会中的绝大部分成员是工会会员，工作委员会和工会保持了密切的非正式联系，工作委员会往往被视为工会在工作场所的延伸。如今，在工作场所层面，德国20世纪70年代最终形成的员工共决制的立法形式和结构基本完整，不过，发生了一些实质性的削弱。工作委员会的雇员覆盖率下降，工作委员会中工会成员比重下降，和工会的非正式联系疏远，工作委员会也慢慢由一种员工发声机制慢慢变成劳资共同管理机制。瑞典的集体谈判则发展成多产业协调的集体谈判体系，覆盖了90%的瑞典雇员，并且国家引入协调机制以促进达成劳资协调，推进集体谈判劳资妥协的达成，在一定程度上又加强了瑞典集体谈判的集中程度。在工作场所，20世纪70年代瑞典工会大力推动工作场所民主，并和社会民主党推进瑞典的工作场所共决法，工会获准在工作场所代表雇员参与共决，20世纪90年代形成了瑞典的人力资源管理模式"合作劳动者"。在瑞典学者看来，"合作劳动者"侧重于加强管理者与员工之间的协同合作和相互依赖，在具体安排上，直线经理被要求承担更多的人力资源管理实务，而不是人力资源管理的专门化，同时减少监督职能，像组织、协调和控制等其他管理职能则相对弱化，日常工作规划和工作任务分配等监督任务委托给半自治的工作组。"合作劳动者"也拓展到了瑞典零售业等低薪部门，在工业、服务业和公共部门内采用"合作劳动者"管理实践已成为瑞典的主要趋势。在严格意义上，"合作劳动者"也是管理方控制的方案，但是通过一些微观组织创新对管理层的单边主义施加了约束，瑞典普遍且强大的工会以及劳资合作的传统也为"合作劳动者"提供了制度支撑。

综上所述，对美国、德国、瑞典现如今的劳资关系系统主要特征的描述表明，美国的劳资关系系统符合大幅度放松管制的界定；德国产业集体谈判和工作场所共决的员工覆盖率下降，但是传统劳资关系系统的立法和制度形式依然完整，协调机能尚在；瑞典在多产业协调的层面上实现了新的管制稳定，集体谈判覆盖面得到了提升，工作场所实行"合作劳动者"的管理实践，弱化了管理的单边主义，普遍和强大的工会又提供了制度支持。德国和瑞典的劳资关系系统并没有普遍放松管制，三个国家劳资关系系统的差异是加大了而不是减小了。表6－1对美国、德国、瑞典的劳资关系系统的关键特征以及一些关键要素进行了简要概括。

表6－1 美国、德国、瑞典三国劳资关系系统制度特征的比较

	20世纪70年代之前	20世纪70年代的增量	劳资关系的现代特征	国家主要行动（20世纪80年代后）
美国	25%的集体谈判覆盖率；工会在工作场所还发挥着工作管理的功能，在非工会覆盖的部门，采取管理方控制的人事管理	卡特总统试图改革基本劳工法律，但以失败告终	劳资关系系统普遍放松管制：10%的集体谈判覆盖率，2014年提高联邦最低工资的立法失败；实行人力资源管理，恢复了“管理的自由”	里根总统大力打击劳工运动，克林顿推行积极的劳动力市场政策
德国	劳资关系的二元框架基本形成：由工会和雇主协会进行产业集体谈判，集体谈判覆盖了85%德国雇员；立法确立了监事会和工作委员会等工作场所共决制，工作委员会独立于工会，工作委员会参与企业人事和社会事务共决的事项极其有限	社民党执政，和工会完善了共决制：对等监事会制度拓展到更多大型企业；工作委员会参与共决的事项进一步扩大；工会在工作场所权利延伸	产业集体谈判形式依然完整，由工会和雇主协会谈判，不过最终决定权分散到企业层面，集体谈判覆盖率为56%，2015首次引入最低工资制度；共决制的法律形式依然完好，但是工作委员会覆盖率下降，与工会的联系疏远，由员工发声机制变成企业共同管理机制	对利益集团的互动很少干预，但是也没有尝试修补产业劳资关系；积极推行提升劳动力弹性的政策
瑞典	形成了由工会联合会和雇主联合会主导的中央集体谈判体系和“团结一致”的工资政策，覆盖了78%的瑞典雇员，缩小了全国劳动者之间的工资差异；在工作场所实行科学管理	工会和社会民主党积极推进工作场所共决制的立法，扩展了工会在工作场所的权利	集体谈判从中央层面分散到多产业层面，覆盖率为90%；形成了人力资源管理实践“合作劳动者”，约束了管理层的单边主义，普遍且强大的工会和劳工合作传统为其提供了制度支撑，并且在零售业等低薪部门得到了推进	绝大多数时间执政的社民主党积极恢复中央谈判体系；最后引入了调解机制以调解多产业劳资协议

对美国、德国、瑞典三国劳资关系系统演变路径的分析表明，制度的再生产，在很大程度上如斯特里克和西伦（2005）所说是一个动态

的政治过程。三个国家工会以及工会变化的显著不同是三国劳资关系系统差异扩大而不是缩小的重要原因之一，此外，国家行动明显也是一个导致差异扩大的重要变量。大体来看，自 20 世纪 70 年代以来，美国工会运动一直衰落，劳资关系系统始终保持着放松管制的趋势。20 世纪 70 年代，工会和民主党总统卡特所支持的提高对工会运动保护的提案，并没有战胜反对派，最终以失败告终。20 世纪 80 年代，里根总统和共和党又依托国家的力量打击工会运动。在西欧工人争取工业民主的大背景下，20 世纪 70 年代，德国社会民主党执政，支持工会，进一步完善了德国工作场所共决，形成了所谓“社会伙伴关系”的高潮，工会也得到了进一步发展；在瑞典，强大的工会联合会和瑞典社会民主党向工作场所的管理特权发起攻击，积极推进工作场所共决，这一时期，瑞典工会联合会还推出了社会主义方案雇员投资基金。到 20 世纪八九十年代，德国和瑞典的劳资关系系统才开始表现出放松管制的趋势。德国的科尔政府有打击工会运动的企图和行动，然而深厚的劳工运动基础和传统阻止了科尔政府的干预，但是自 20 世纪 80 年代之后德国劳资关系放松管制的进程中，持“最小干预”原则的德国政府也没有尝试恢复传统产业层面的集体谈判。在瑞典，绝大多数时间执政的瑞典社民党则积极致力于恢复集体谈判的高度集中化，当集体谈判从中央层面分散到多产业协调的层面，瑞典政府设立协调机制以推动多产业层面劳资协调有效率地推进。因此，关注劳资关系演变中的政治因素，也就能够理解三个国家劳资关系系统的差异变大而不是变小。

6.3 劳资关系系统的定量比较

为了量化不同资本主义经济体的相似和差异，社团主义理论的学者们开发了社团主义指数，而社团主义理论的研究核心恰好又是劳资关系，因此，可以借鉴社团主义理论的相关指标来测量美国、德国、瑞典三个国家的劳资关系系统。

为了更好理解本节将要使用的指标，全面介绍一下社团主义指标是必要的。根据肯沃斯（Kenworthy，2003）的总结，社团主义综合指标涉及五个方面，分别是对利益组织的衡量，对工资安排的衡量，对利益集团参与公共政策制定程度的衡量，对政治经济共识的衡量，对复合指标的衡量。构成社团主义综合指标的第一个和第二个要素也是劳资关系的基本要素，因此可以参照这两个变量来量化美国、德国、瑞典三国的劳资关系系统。

按照肯沃斯（2003）的分析，利益组织的社团主义特征包含两个维度，集中化程度和协调程度。参考前面对工会的分析，集中化和协调程度确实是利益组织社团主义表现的主要特征，集中程度越高和协调程度越高，社团主义得分也就越高。对利益组织集中程度的衡量，可以考察高峰联盟对成员组织的领导权。一个标准的等级结构可能得分很高，但是大多数高峰联盟对成员组织显然不具备那么大的权力。对于利益组织协调程度的考察，在肯沃斯（2003）看来，可以考察不同联盟之间的协调以及联盟内部的协调，联盟数量越少越集中，联盟内部成员组织越少越集中，协调面对阻力的可能性越小，利益组织的协调程度越高。

对社团主义工资安排的衡量，主要考察工资谈判结构本身，测量要么关注工资安排的集中化程度，要么关注工资制定过程的协调程度。显然，前者以瑞典高度集中的集体谈判系统为坐标，后者以德国产业协调的集体谈判为坐标。这两种集体谈判模式都实现了广泛的员工覆盖率，不同的衡量方法反映了研究者不同的偏好。如肯沃斯（2001）倾向于通过对工资安排的集中化程度的衡量得出工资安排的社团主义分数，他考虑了三个方面：第一是工资谈判的层面，主要有中央（跨部门）、部门（产业）、公司（工厂）三个层面；第二是每一层面劳资协议覆盖的雇员比例，第三是同一层级工资谈判的集中化程度；而索斯凯斯（Soskice，1990）倾向于对工资制定过程协调程度的考量得出工资安排的社团主义分数，中央工资谈判、高峰工会联盟和雇主联盟指导的产业或企业层面的工资谈判以及由强大的产业部门或有影响力的公司主导的工资谈判都反映出工资制定过程高度协调，也就得到更高的社团主义评分。

以上简要介绍了衡量社团主义的主流方法，重点介绍了关于劳资关系的两个社团主义指标。综合对利益组织的衡量和对工资安排的衡量，大体上能呈现出一国劳资关系系统的具体得分。参考马丁和斯旺克（Martin & Swank，2004）提供的 18 个发达市场经济体的社团主义数据，本书制作了 18 个国家的劳资关系系统的集群，以更鲜明地呈现出美国、德国、瑞典三个国家劳资关系系统的区别。如图 6 - 1 所示，纵轴记录的是雇主协调和集中化程度，通过加总雇主协调指数和雇主集中化指数得到，横轴记录的是工会组织密度和集中程度的综合指标。数据的表现力惊人，18 个国家主要分布于三个象限中，美国、德国和瑞典恰好分布在三个不同的象限，并且基本上是极端值。瑞典工会和雇主利益集团的集中和协调程度表现得都很好，位于图的最右上角，而德国的雇主利益集团的协调和集中化程度表现很好，工会系统的集中和协调表现较差，位于图的左上角，美国无论是雇主利益集团还是工会的集中和协调都表现最差，得分最低，位于图的左下角。因此，尽管指标数据的时间跨度为 1980 ~ 1998 年，并且是静态比较，但是这些具体的数字有助于清晰呈现出美国、德国、瑞典三个国家劳资关系系统的差异，并且差异十分明显，支持了对三个国家劳资关系系统差异性的分析。

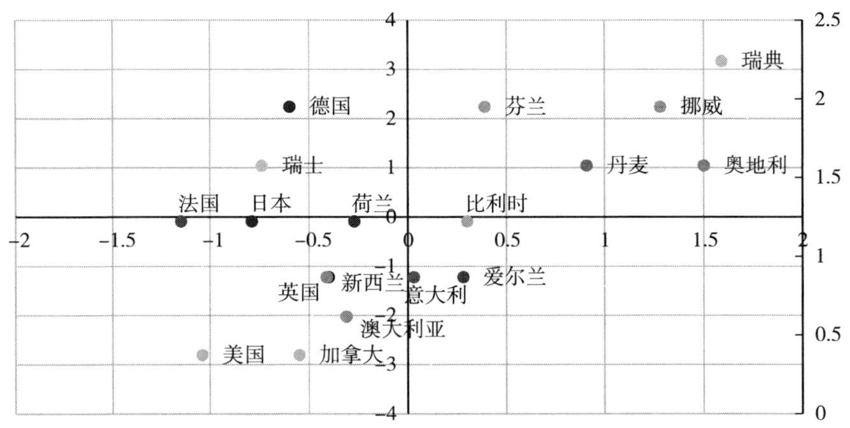

图 6 - 1　18 个市场经济体的劳资关系系统的定量比较

资料来源：根据马丁和斯旺克（2004）统计的数据绘制，时间跨度为 1980 ~ 1998 年。雇主组织集权程度的评分源自对高层雇主联盟对成员领导权的评估；雇主协调度的评分源自对雇主协会在集体谈判中协调性的衡量，马丁和斯旺克（2004）借鉴了索斯凯斯（1990，1999）测量雇主协会协调性所设计的标准得到该评分，该指标被索斯凯斯（1990）用来评估集体工资谈判结构的协调程度，也即社团主义维度。索斯凯斯（1990）把雇主协会视为工资协调的核心位置，这一逻辑在于集体谈判协议的覆盖程度最终取决于雇主对集体谈判协议的遵守程度。因此，纵轴可以视为对工资安排和利益组织两个方面衡量的复合指标。对工会组织密度、集中协调程度的综合衡量，马丁和斯旺克（2004）借鉴了米里亚姆·戈尔登，迈克尔·沃勒斯特和彼得·兰格（Miriam Golden，Michael Wallerstein & Peter Lange）电子数据库对工会联盟权力、工资谈判所处的层面以及其他对工会进行评估的维度，同时结合工会会员率，对工会组织密度、集中协调程度进行了综合衡量。总体来看，马丁和斯旺克（2004）的数据对利益组织和工资安排的社团主义指数进行了重新排列组合。

第7章　结　　论

在前面的分析中，本书提出了马克思主义视角下分析发达资本主义国家劳资关系演变的三个主题和具体的比较分析框架，在经验分析部分按照搭建好的框架描述了自20世纪70年代以来美国、德国、瑞典三个国家劳资关系演变的动态，并结合这些经验材料进行了综合的比较分析。尽管经验事实大多来自二手材料（这是国际比较研究难以避免的弱点），但是支撑了本书提出的观点和见解。

本书认为应在马克思主义的视角下理解新自由主义兴起以来资本主义国家劳资关系的演变。有效整合"资本积累"和"阶级斗争"的马克思主义视角实现了在一个统一的理论框架内比较不同发达资本主义经济体劳资关系演变的相似和差异，也能更好地概括发生在现实世界里的、资本主义劳资关系的演变趋势。自20世纪70年代以来，发达资本主义国家劳资关系演变都表现出了劳资力量对比向资本倾斜，以及表现出了放松管制的一面；但是由不同政治经济逻辑左右的放松管制的动态差异很大，结果是，协调市场经济国家的劳资关系系统并没有像自由市场经济模式那样普遍放松管制，和普遍放松管制的区别依然很明显，与20世纪70年代之前相比，现阶段不同西方资本主义国家劳资关系系统的分歧扩大而不是缩小了。最起码美国、德国、瑞典劳资关系系统的演变支撑了上述见解。经过几十年的变化，三个国家劳资力量对比越来越有利于资本，劳资关系自然或多或少放松管制；但是，美国是劳资关系急剧放松管制，德国是"有组织"的放松管制，瑞典放弃了国家层面的管制，而在多产业协调的层面上实现了新的管制。相比新自由主义兴起之前，现阶段三个国家劳资关系系统的差异显然更大。

更进一步，对三个国家劳资力量对比的动态以及劳资关系系统变化的分析表明：第一，劳资力量平衡变化的具体表现在很大程度上"塑造”了劳资关系放松管制的表现；第二，三个国家工会以及工会衰落态势的显著不同是三国劳资关系系统现阶段差异扩大而不是缩小的重要原因之一，第三，国家行为的显著差异也是推动不同国家劳资关系系统性差异扩大的关键性因素。总体而言，自新自由主义兴起以来，劳资关系的演变动态并不都遵循美国的逻辑，也不存在所谓的“最优发展路径”以及这一术语所暗示的“中立”和“客观”。放弃市场理性主义的思维定势和完美市场现实可能性的期待，才能对放松管制背景下不同发达资本主义经济体劳资关系演变扩大的差异，做出与事实接近的分析，也能够理解为什么在发达资本主义世界里，不仅存在被高度膨胀的资本权力所支配的普遍放松管制的劳动力市场“均衡”模式，也存在劳资协商合作的、管制型的劳动力市场“均衡”模式。

现在回到最初提出研究问题时，本书指出研究的现实意义在于加深对不同资本主义经济体以及当成资本主义发展的认识。应该肯定的是美国作为自由市场经济的典范的确取得了卓越的经济成就，但是德国和瑞典同样具有卓越的经济表现。最近几十年，关于美国的研究足够多，本书更多就德国和瑞典的劳资关系系统进行简要评价，同时对资本主义发展做一些展望。在第 4 章和第 5 章的写作中，本书对德国和瑞典劳资关系的描述尽量把时间线溯回到两国资本主义发展的早期，也是为了提供全貌以从历史中捕捉到一些可能重要的信息，当然，第 3 章也做了同样的安排。

如果考虑到 20 世纪 70 年代之前的劳资关系演变历程（文章关于这一段时期的描述是粗糙的），本书提出一个不成熟的思考以归纳劳资关系演变的动态，这个思考有两个方面：一方面，资本主义生产方式中劳资关系的具体形式参与塑造了（工业社会）资本积累的微观过程（劳动过程），但最终没有改变资本积累的宏观表现，即生产力结构调整带来的变化，后者为资本主义国家劳资关系带来了放松管制的压力；另一方面，资本主义生产方式中的生产关系的具体形式参与塑造了（工业社会）积累体制的具体形式，但并没有改变资本主义积累的本质，即剩余价值的资本化，后者为积累体制带来了转向的压力。与资本相抗衡的政治力量，无论是劳工运动，还是议会民主形式的国家政治，在过去几十年的资本全球化时代，更多是被动地而不是主动地应对改变的压力。

在资本主义发展史上，确实看到了有利于劳工的改革，但这些有利于劳工的改变不是根源于资本家的理性和善意。德国和瑞典的工人运动历史上长时间持有社会主义的目标。尽管历史上建立社会主义制度的努力失败，实行社会所有制即国有化和消灭雇用劳动的社会主义目标逐渐被放弃，但两国劳工运动在维护工人利益方面取得的成就依然显著。德国和瑞典劳工运动成就显著，不仅因为劳工力量强大，也因为资本主义发展的早期雇主力量相对弱小。两个国家高度管制的劳资关系系统的形成与资本主义发展可以说是同步的。在国内资本力量开始壮大抢占绝对优势地位时，工人运动同时蓬勃发展，无论政府劳工福利政策的政治动机如何，来自工人和政府的政治力量对资本的权力施加了很大的约束，塑造了更有利于劳工的劳资关系的阶级力量平衡。相对于美国的经济型工联主义，德国和瑞典工人运动建立的劳资协商机制还导致了更少的劳资冲突。德国还形成了厂内培训体系，该体系提供了相当数量的技能工人，阻碍了德国雇主在工厂中严格推行福特制。受到产业利益、阶级利益和社会利益的约束，德国企业不得不承担更多的社会功能和公共职能。

但是这些成果似乎只属于工业社会。后工业时代，新自由主义兴起，工业社会发展过程中实现的“有组织的资本主义”（凯恩斯主义加福利国家）不断遭受侵蚀。迄今为止，劳工运动以及相关的政治力量对此的反应是滞后的，尚无有效的方法和行动来缓解有组织的资本主义的退化。试图通过多党制议会民主以“有组织的资本主义”为桥梁向社会主义公有制过渡的实验，更是遭受失败。瑞典工会联合会 1971 年提出雇员投资基金规划并在 1976 年推出具体方案，但遭到了雇主激烈地抵制，政治上极为谨慎的社会民主党于 1983 年立法通过的计划已经远离了经济民主和工业民主的诉求，但 1991 年仍被资产阶级政党组成的联盟政府废除。在资本主义的环境中，瑞典工人运动的社会主义目标以重大的挫折结束。这样看来，战后短暂的“有组织的资本主义”更像是巧合和例外。这个巧合的达成，尽管与第二次世界大战后经济景气时期对劳动力需求的巨大增长有关，也与当时的社会主义阵营对西方资本主义的威慑有关，但起支柱作用的是工人群众通过工会组织进行的阶级斗争，是劳工运动而不是资本主义的理性和善意，正如斯特里克（2016）所说，是资本主义的“反对派”使资本主义作为一种社会秩序稳定下来。最终，阶级斗争的成果也被用于以再生产资本主义（布若威，2019）。

在新自由主义兴起之后，全球资本主义时代见证了工人运动的衰落，与此伴随的还有国家的退却。纵观德国和瑞典社会主义的目标和最终实现的结果，在资本主义世界中，任何一种带有“社会主义”成分的方案最终落在实处的版本都会大打折扣，结果是那些对资本主义进行微调的“治理”方案也不断退化和衰落。资本家赢得了更多的胜利，愈加“自由”，然而包括劳资双方在内的整个资本主义社会结构也变得不那么稳固。社会主义目标的失去是资本主义的运气，也是资本主义的悲哀。

有总比没有好，如今，“负责任的资本主义”在美国这一新自由主义的大本营也慢慢成为流行语。但是，本书对它的美国前途依然持观望态度。不是舆论就能实现“负责任的资本主义”，缺少制度和权力的支持，未来不确定性大于确定性。即便在具有较高组织性的国家，制度的支撑也变得不稳。德国的经验比较清晰地表明既有的相关制度（或者说“自组织治理”）也是不稳定的：劳资关系立法形式依然完整，集体谈判结构基本完整，但是工会和雇主协会会员率不断下降，资本家和工人的社团主义身份同时缺失，地方工会和雇主越来越倾向于个体利益最大化战略，结果是产业层面的集体谈判和工作场所共决二元框架的稳定性和覆盖率明显下降，变成了内部人的机制，局外人则在该机制之外。即使制度还拥有完善的形式，但是现实发生了变化，功能和目标也就发生了转变。瑞典较高的工会覆盖率保证了制度实质的完备，劳资集体谈判广覆盖，权力尤其是基层工会权力，保证了一系列劳资关系制度在实践时离制度设定的目标不是太远，也为工作场所制衡管理的单边主义提供了制度支撑。但是面对技术变革加速和新自由主义的种种挑战，尽管瑞典一些制度设计刺激瑞典工人“自发”参与工会，瑞典的工会运动也正经历着退却。总之，对于资本主义来说，资本雇用劳动是天经地义的，资本的最终否决权是不容侵犯的。“负责任的资本主义”可能对保守主义的思想冒犯更小，然而可能更不具有现实可能性。

参 考 文 献

[1] 阿兰·G. 格鲁齐. 比较经济制度 [M]. 北京：中国社会科学出版社，2008.

[2] 安东尼奥·葛兰西. 葛兰西文选 [M]. 北京：人民出版社，2008.

[3] 贝恩德·魏斯. 论企业组织：工作场所工人代表制度的德国模式 [J]. 上海：上海师范大学学报（哲学社会科学版），2016.

[4] 贝弗里·J. 西尔弗. 劳工的力量 [M]. 北京：社会科学文献出版社，2016.

[5] 波齐. 国家：本质，发展与前景 [M]. 上海：上海人民出版社，2007.

[6] 博德·K. 科勒，安吉·科斯奇. 德国的雇佣关系，载于国际比较雇用关系 [M]. 北京：中国劳动社会保障出版社，2016.

[7] 布雷弗曼. 劳动与垄断资本：二十世纪中劳动的退化 [M]. 北京：商务印书馆，1979.

[8] 布鲁斯·E. 考夫曼，王潇. 产业关系的理论基础及其对劳动经济和人力资源管理的启示 [J]. 中国人力资源开发，2013（17）：10－27.

[9] 常庆欣. 没有“资本主义”的资本主义多样性研究 [J]. 政治经济学评论，2016，7（3）.

[10] 陈峰. 宪政与劳工集体权利——美国的经验和启示 [J]. 复旦政治学评论，2016（1）.

[11] 陈浩. 德国劳资关系模式的路径演变和面对的课题：基于共同决定参与制度和产业劳动协约交涉制度的思辨 [M]. 安徽：合肥工业大学出版社，2013.

[12] 大卫·哈维. 跟大卫·哈维读［资本论］第二卷 [M]. 上海：上海译文出版社，2015.

[13] 大卫·哈维. 跟大卫·哈维读［资本论］第一卷［M］. 上海：上海译文出版社，2016.

[14] 大卫·哈维. 新自由主义简史［M］. 上海：上海译文出版社，2016.

[15] 大卫·哈维. 资本的限度［M］. 北京：中信出版集团，2017/1999.

[16] 丹尼尔·奎因·米尔斯. 劳工关系［M］. 北京：机械工业出版社，2000.

[17] 丁建弘. 德国通史［M］. 上海：上海社会科学院出版社，2019.

[18] 菲利普·怀曼. 瑞典与“第三条道路”：一种宏观经济学的评价［M］. 重庆：重庆出版社，2008.

[19] 哥斯塔·埃斯平·安德森. 福利资本主义的三个世界［M］. 北京：商务印书馆，2010.

[20] 哈里·C. 卡茨，托马斯·A. 科钱，亚历山大·J. S. 科尔文. 集体谈判与产业关系概论［M］. 辽宁：东北财经大学出版社，2010.

[21] 哈里·C. 卡茨，亚历山大·J. S. 柯文. 美国雇佣关系［M］. 国际比较雇佣关系. 北京：中国劳动社会保障出版社，2016.

[22] 哈耶克. 个人主义与经济秩序［M］. 北京：生活·读书·新知三联书店，2003.

[23] 何秉孟，姜辉，张顺洪. 欧洲社会民主主义的转型：与德国，瑞典学者对话实录［M］. 北京：社会科学文献出版社，2010.

[24] 亨利·霍本，刑文增. 资本主义劳动优化的历史：泰勒制、福特制和丰田主义［J］. 海派经济学，2008 (1).

[25] 加里·德斯勒. 人力资源管理［M］. 北京：中国人民大学出版社，2012.

[26] B. 杰索普，艾彦. 国家理论的新进展——各种探讨、争论点和议程［J］. 世界哲学，2002 (1).

[27] B. 杰索普，艾彦. 国家理论的新进展（续）——各种探讨、争论点和议程［J］. 世界哲学，2002 (2).

[28] B. 杰索普. 后福特制和国家，载于比较福利制度——变革时

期的斯堪的纳维亚模式［M］. 重庆：重庆出版社，2006.

［29］B. 杰索普，漆燕. 治理的兴起及其失败的风险：以经济发展为例［J］. 国际社会科学杂志（中文版），2019（3）.

［30］瞿强，普瑞格. 德国的公司治理结构［J］. 财贸经济，2002（4）.

［31］卡尔·波兰尼. 大转型：我们时代的政治与经济起源［M］. 浙江：浙江人民出版社，2007.

［32］卡尔·马克思. 资本论（第三卷）［M］. 北京：人民出版社，2004.

［33］卡尔·马克思. 资本论（第一卷）［M］. 北京：人民出版社，2004.

［34］凯瑟琳·西伦. 制度是如何演化的：德国、英国、美国和日本的技能政治经济学［M］. 上海：上海人民出版社，2010.

［35］康妮丽·希尔德布兰特. 劳动关系的变革对左翼党的挑战［M］. 王学东，张文红编. 经济改革和社会结构变迁中的劳动关系［M］. 北京：中央编译出版社，2013.

［36］科佩尔·S. 平森. 德国近现代史：它的历史和文化［M］. 北京：商务印书馆，1987.

［37］克拉斯·埃克隆德. 现代市场经济理论与实践［M］. 北京：北京经济学院出版社，1995.

［38］克莱纳. 管理的异端［M］. 上海：东方出版社，2012.

［39］克劳斯·奥菲. 福利国家的矛盾［M］. 吉林：吉林人民出版社，2006.

［40］库特·宗特海默尔. 联邦德国政府与政治［M］. 上海：复旦大学出版社，1985.

［41］理查德·海曼. 劳资关系：一种马克思主义的分析框架［M］. 北京：中国劳动社会保障出版社，2008.

［42］鲁茉莉. 德国公司治理改革的成效与问题［J］. 产业经济研究，2011（1）.

［43］吕守军. 当代资本主义多样性的演化经济学分析［J］. 教学与研究，2010（12）.

［44］罗特萨·帕特内克，普拉巴特·帕特内克，陈文旭. 新自由

主义资本主义走入了死胡同［J］. 国外理论动态，2019（10）.

［45］马克斯·韦伯. 法律社会学：非正当性的支配［M］. 广西：广西师范大学出版社，2011.

［46］马慎萧. 劳动力再生产的金融化——资本的金融掠夺［J］. 政治经济学评论，2019，10（2）.

［47］玛丽安娜·德布齐. 美国工人阶级的重组？［M］//卢日金内等主编. 陆象淦译. 新阶级斗争. 北京：社会科学文献出版社，2009.

［48］迈克尔·布若威. 制造同意：垄断资本主义劳动过程的变迁［M］. 北京：商务印书馆，2019.

［49］麦基尔维. 集体谈判［M］//塞尔编，易定红等译. 欧洲劳动关系：共性卷［M］. 北京：中国劳动社会保障出版社，2009.

［50］曼弗雷德·魏斯，马琳·施米特. 德国劳动法与劳资关系［M］. 北京：商务印书馆，2012.

［51］曼瑟尔·奥尔森. 集体行动的逻辑［M］. 上海：格致出版社，2014.

［52］尼克·威尔斯，克里斯·F. 赖特，格里格·J. 班博，拉塞尔·D. 兰斯伯瑞. 雇佣关系的国际比较方法［M］. 常凯，李应芳，班博等编，朱飞，孙兆阳，盛龙飞等译. 国际比较雇佣关系［M］. 北京：中国劳动社会保障出版社，2016.

［53］热拉尔·莫热. 近三十年来法国平民阶级的变迁，载于新阶级斗争［M］. 北京：社会科学文献出版社，2009.

［54］Tore Sigeman. 瑞典劳动法简介，载于瑞典劳动法导读［M］. 北京：北京大学出版社，2008.

［55］施嘉芙. 美国养老金体系及其改革概述［J］. 清华金融评论，2017（S1）.

［56］斯图尔特·伍德. 英国和联邦德国的企业、政府以及劳动力市场政策模式［M］. 霍尔，索斯凯斯编，王新荣译. 资本主义的多样性：比较优势的制度基础［M］. 北京：中国人民大学出版社，2017.

［57］唐纳德·萨松. 欧洲社会主义百年史［M］. 北京：社会科学文献出版社，2008.

［58］托马斯·寇肯，哈里·卡茨，罗伯特·麦克西. 美国产业关系的转型［M］. 北京：中国劳动社会保障出版社，2008.

［59］托马斯·迈尔，从自由民主制与社会民主制的比较中看社会民主主义的基本价值和原则，载于欧洲社会民主主义的转型：与德国、瑞典学者对话实录［M］. 北京：社会科学文献出版社，2010.

［60］瓦尔特·缪勒—延奇，彼得·依特曼. 德国劳资关系1950－1999：数据、时序及趋势［M］. 北京：知识产权出版社，2013.

［61］威廉·曼彻斯特. 光荣与梦想：1932－1972年美国社会实录（上）［M］. 海南：三环出版社，2004.

［62］维尔纳·桑巴特. 为什么美国没有社会主义［M］. 北京：社会科学文献出版社，2014.

［63］沃尔夫冈·多伊普勒. 德国集体工资谈判制度及其对中国的启示，载于经济改革和社会结构变迁中的劳动关系［M］. 北京：中央编译出版社，2013.

［64］沃尔夫冈·斯特里克. 德国汽车工业的精益生产方式——一个趋同理论的实证案例，载于国家的多样性和全球的资本主义［M］. 重庆：重庆出版社，2002.

［65］吴清军. 结构主义与经验主义的制度研究及转向——欧美劳动关系理论研究述评［J］. 社会学研究，2015，30（3）.

［66］吴清军. 整合式还是多元化？——劳动关系研究范式的争辩与研究发展趋向［J］. 中国人民大学学报，2015，29（4）.

［67］吴友法等. 德国通史（第六卷）［M］. 江苏：江苏人民出版社，2019.

［68］西格特·维多斯. 公司治理的多样性：德国与英国的比较［M］. 霍尔，索斯凯斯编，王新荣译，资本主义的多样性：比较优势的制度基础［M］. 北京：中国人民大学出版社，2017.

［69］谢富胜，宋宪萍. 从形式隶属到实际隶属——马克思的劳动过程理论［J］. 当代经济研究，2012（5）.

［70］邢来顺等. 德国通史（第五卷）［M］. 江苏：江苏人民出版社，2019.

［71］邢来顺. 迈向强权国家：1830－1914年德国工业化与政治发展研究［M］. 湖北：华中师范大学出版社，2002.

［72］耶勒·菲瑟，约里斯·范·鲁塞弗尔达特. 合作主义能否补救——德国的劳资关系，载于欧洲劳资关系——传统与转变［M］. 北

京：世界知识出版社，2000.

［73］耶勒·菲瑟，约里斯·范·鲁塞弗尔达特．强合作主义何以为继——德国的劳资关系，载于欧洲劳资关系——传统与转变［M］. 北京：世界知识出版社，2000.

［74］伊莎贝拉·马雷什．企业和福利制度：社会政策影响雇主的条件、原因和方式，载于资本主义的多样性：比较优势的制度基础［M］. 北京：中国人民大学出版社，2017.

［75］袁群．瑞典社会民主党的历史、理论与实践［M］. 云南：云南人民出版社，2009.

［76］G. 约翰·艾坎伯雷，约翰·A. 霍尔．国家［M］. 吉林：吉林人民出版社，2007.

［77］约翰·W. 巴德．人性化的雇佣关系：效率，公平与发言权之间的平衡［M］. 北京：北京大学出版社，2007.

［78］约翰·卡西迪．美国华尔街金融资本的基本运作状况［J］. 理论参考，2011（12）：49－52.

［79］约翰 M. 伊万切维奇，赵曙明，程德俊．人力资源管理［M］. 北京：机械工业出版社，2011.

［80］詹姆斯·沃麦克，丹尼尔·琼斯，丹尼尔·鲁斯．丰田精益生产方式［M］. 北京：中信出版社，2008.

［81］詹森·海耶斯，保罗·刘易斯，伊恩·克拉克，海燕飞．资本主义多样性、新自由主义与2008年以来的经济危机［J］. 国外理论动态，2015（8）.

［82］赵鼎新．集体行动、搭便车理论与形式社会学方法［J］. 社会学研究，2006，1（2）.

［83］Addison J T，Bryson A，Teixeira P，et al. The state of collective bargaining and worker representation in Germany：The erosion continues［J］. 2010.

［84］Andersson T，Kazemi A，Tengblad S，et al. HRM practices in Swedish retailing［C］//21st Nordic Academy of Management（NFF）conference，2011：20－24.

［85］Andersson T，Tengblad S. Analyzing concepts for work-life transformation［C］. 19th Nordic Academy of Management（NFF）Conference，

Bergen, Norway, 2007.

[86] Asard E. Employee participation in Sweden 1971 – 1979: The issue of economic democracy [J]. Economic and Industrial Democracy, 1980, 1 (3).

[87] Asard E. Industrial and economic democracy in Sweden: From consensus to confrontation [J]. European Journal of Political Research, 1986, 14 (1–2).

[88] Assa J. Financialization and its consequences: The OECD experience [J]. Finance Research, 2012, 1 (1).

[89] Baron J N, Dobbin F R, Jennings P D. War and peace: The evolution of modern personnel administration in US industry [J]. American Journal of Sociology, 1986, 92 (2).

[80] Bloch J W. Union Contracts – A New Series of Studies [J]. Monthly Lab. Rev, 1964, 87.

[91] Block F. The ruling class does not rule: Notes on the Marxist theory of the state [J]. Socialist Revolution, 1977, 33 (7).

[92] Boyer R. Is a finance-led growth regime a viable alternative to Fordism? A preliminary analysis [J]. Economy and Society, 2000, 29 (1).

[93] Burkitt B, Whyman P. Employee Investment Funds in Sweden: Their Past, Present and Future [J]. European Business Review, 1994, 94 (4).

[94] Clawson D, Clawson M A. What has happened to the US labor movement? Union decline and renewal [J]. Annual Review of Sociology, 1999, 25 (1).

[95] Cornfield D B. The US labor movement: Its development and impact on social inequality and politics [J]. Annual Review of Sociology, 1991, 17 (1).

[96] Deeg R. Financialization and Institutional Change in Capitalisms: A Comparison of the US and Germany [J]. The Journal of Comparative Economic Studies, 2014, 9.

[97] Epstein G. Financialization, rentier interests, and central bank

policy [J]. manuscript, Department of Economics, University of Massachusetts, Amherst, MA, December, 2001.

[98] Freeman R B. It's financialization! [J]. International Labour Review, 2010, 149 (2).

[99] Gill S R, Law D. Global hegemony and the structural power of capital [J]. International Studies Quarterly, 1989, 33 (4).

[100] Godard J. The exceptional decline of the American labor movement [J]. ILR Review, 2009, 63 (1).

[101] Goerke L, Pannenberg M. Trade union membership and works councils in West Germany [J]. Industrielle Beziehungen/The German Journal of Industrial Relations, 2007.

[102] Gordon D M, Edwards R, Reich M. Segmented work, divided workers: The historical transformation of labor in the United States [M]. Cambridge: Cambridge University Press, 1982.

[103] Gordon L. The welfare state: Towards a socialist-feminist perspective [J]. Socialist Register, 1990, 26 (26).

[104] Greer I, Doellgast V. Marketization, inequality, and institutional change: Toward a new framework for comparative employment elations [J]. Journal of Industrial Relations, 2017, 59 (2).

[105] Greer I. Welfare reform, precarity and the re-commodification of labour [J]. Work, Employment and Society, 2016, 30 (1).

[106] Hacker J S. Privatizing risk without privatizing the welfare state: The hidden politics of social policy retrenchment in the United States [J]. American Political Science Review, 2004, 98 (2).

[107] Hall P A, Soskice D. An introduction to varieties of capitalism [J]. op. cit, 2001.

[108] Hall P A, Thelen K. Institutional change in varieties of capitalism [J]. Socio - Economic Review, 2009, 7 (1).

[109] Hassel A. The erosion of the German system of industrial relations [J]. British Journal of Industrial Relations, 1999, 37 (3).

[110] Hein E, Duenhaupt P, Kulesza M, et al. Financialization and Distribution from a Kaleckian Perspective: The United States, the United

Kingdom, and Sweden Compared—Before and after the Crisis [J]. International Journal of Political Economy, 2017, 46 (4).

[111] Holst H. 'Commodifying institutions': Vertical disintegration and institutional change in German labour relations [J]. Work, Employment and Society, 2014, 28 (1).

[112] Höpner M. Coordination and organization: The two dimensions of nonliberal capitalism [C]. PIFG Discussion Paper, 07/12/2007.

[113] Huselid M A. The impact of human resource management practices on turnover, productivity, and corporate financial performance [J]. Academy of Management Journal, 1995, 38 (3).

[114] Hyman R. Pluralism, procedural consensus and collective bargaining [J]. British Journal of Industrial Relations, 1978, 16 (1).

[115] Jackson G, Höpner M, Kurdelbusch A. Corporate governance and employees in Germany: Changing linkages, complementarities, and tensions [C]. RIETI Discussion Paper Series 04 - E - 008, 02/2004.

[116] Jackson G, Sorge A. The trajectory of institutional change in Germany, 1979 - 2009 [J]. Journal of European Public Policy, 2012, 19 (8).

[117] Jahn D. Changing of the guard: trends in corporatist arrangements in 42 highly industrialized societies from 1960 to 2010 [J]. Socio - Economic Review, 2014, 14 (1).

[118] Jessop B. Capitalism, the regulation approach, and critical realism [J]. Critical Realism and Marxism. London: Routledge, 2001.

[119] Jessop B. Recent theories of the capitalist state [J]. Cambridge Journal of Economics, 1977, 1 (4).

[120] Jessop B. Regulation theories in retrospect and prospect [J]. International Journal of Human Resource Management, 1990a, 19 (2).

[121] Jessop B. State theory: Putting the capitalist state in its place [M]. Penn State Press, 1990b.

[122] Jessop B. State theory, regulation, and autopoiesis: Debates and controversies [J]. Capital & Class, 2001, 25 (3).

[123] Jessop B. The future of the capitalist state [M]. Polity, 2002.

[124] Kalecki M. Political aspects of full employment 1 [J]. The Political Quarterly, 1943, 14 (4).

[125] Kenworthy L. Quantitative indicators of corporatism [J]. International Journal of Sociology, 2003, 33 (3).

[126] Kenworthy L. Wage-setting measures: A survey and assessment [J]. World Politics, 2001, 54 (1).

[127] Kerr C, Harbison F H, Dunlop J T, et al. Industrialism and industrial man [J]. Int'l Lab. Rev. , 1960, 82.

[128] Kilhammar K, Ellström E. Co-workership in practice: A study of two Swedish organizations [J]. Human Resource Development International, 2015, 18 (4).

[129] King D, Wood S. The political economy of neoliberalism: Britain and the United States in the 1980s [J]. Continuity and Change in Contemporary Capitalism, 1999, 13.

[130] Kitschelt H, Lange P, Marks G, et al. Convergence and divergence in advanced capitalist democracies [J]. Continuity and Change in Contemporary Capitalism, 1999.

[131] Kjellberg A. Union density and specialist/professional unions in Sweden [J]. Studies in Social Policy, Industrial Relations, Working Life and Mobility, Research Reports, 2013, 2.

[132] Korpi W, Shalev M. Strikes, industrial relations and class conflict in capitalist societies [J]. The British Journal of Sociology, 1979, 30 (2).

[133] Krippner G R. The financialization of the American economy [J]. Socio – Economic Review, 2005, 3 (2).

[134] Lapavitsas C, Mendieta – Muñoz I. The profits of financialization [J]. Monthly Review, 2016, 68 (3).

[135] Lindbeck A. The swedish experiment [J]. Journal of Economic Literature, 1997, 35 (3).

[136] Lindsay M J. In Search of Laissez – Faire Constitutionalism [J]. Harv. L. Rev. F. , 2010, 123.

[137] Manning A. Monopsony in motion: Imperfect competition in

labor markets [M]. Princeton University Press, 2003.

[138] Mann M. The autonomous power of the state: Its origins, mechanisms and results [J]. European Journal of Sociology/Archives Européennes de Sociologie/Europäisches Archiv für Soziologie, 1984, 25 (2).

[139] Marks G. Variations in Union Political Activity in the United States, Britain, and Germany from the Nineteenth Century [J]. Comparative Politics, 1989, 22 (1).

[140] Martin C J, Swank D. Does the organization of capital matter? Employers and active labor market policy at the national and firm levels [J]. American Political Science Review, 2004, 98 (4).

[141] Martin C J, Thelen K. The state and coordinated capitalism: Contributions of the public sector to social solidarity in postindustrial societies [J]. World Politics, 2007, 60 (1).

[142] Mayer G. Union membership trends in the United States [R]. Washington, DC: Congressional Research Service, Order Code RL32553, 2004.

[143] McCartin J A. A historian's perspective on the PATCO strike, its legacy, and lessons [J]. Employee Responsibilities and Rights Journal, 2006, 18 (3).

[144] Meidner R, Hedborg A, Fond G. Employee investment funds: An approach to collective capital formation [M]. Routledge, 2017.

[145] Meidner R. Why did the Swedish model fail? [J]. Socialist Register, 1993, 29 (29).

[146] Mitchell T. The limits of the state: Beyond statist approaches and their critics [J]. American Political Science Review, 1991, 85 (1).

[147] Müller-Jentsch W. Germany: From collective voice to co-management [M]//Works Councils: Consultation, Representation, and Cooperation in Industrial Relations. University of Chicago Press, 1995.

[148] Monthly Labor Review. "Major Union Contracts in the United States, 1961." vol. 85, no. 10, 1962, pp. 1136-1144. JSTOR, www.jstor.org/stable/41834652. Accessed 18 May 2021.

[149] Mudge S L. What is neo-liberalism? [J]. Socio-Economic Re-

view, 2008, 6 (4).

[150] NRF's 2017 Annual Report. National Retail Federation, 2017, Washington DC.

[151] O'Brady S. Partnering against Insecurity? A Comparison of Markets, Institutions and Worker Risk in Canadian and Swedish Retail [J]. British Journal of Industrial Relations, 2019.

[152] Offe Claus. Governance: "Empty signifier" or promising research agenda [J]. Constellations Volume 16, Number 4, 2009, 61 -76 + 581 +590.

[153] Offe C, Wiesenthal H. Two logics of collective action: Theoretical notes on social class and organizational form [J]. Political Power and Social Theory, 1980, 1 (1).

[154] Peck J, Theodore N. Commentary. 'Work first': Workfare and the regulation of contingent labour markets [J]. Cambridge Journal of Economics, 2000, 24 (1).

[155] Peck J. Workfare States [M]. Guilford Publications, 72 Spring Street, New York, 2001.

[156] Pontusson J, Kuruvilla S. Swedish wage-earner funds: An experiment in economic democracy [J]. ILR Review, 1992, 45 (4).

[157] Pontusson J, Swenson P. Labor markets, production strategies, and wage bargaining institutions: The Swedish employer offensive in comparative perspective [J]. Comparative Political Studies, 1996, 29 (2).

[158] Prosser T. Financialization and the reform of European industrial relations systems [J]. European Journal of Industrial Relations, 2014, 20 (4).

[159] Rehn G. State, economic policy and industrial relations in the 1980s: problems and trends [J]. Economic and Industrial democracy, 1987, 8 (1).

[160] Rosen S. Public employment and the welfare state in Sweden [J]. Journal of Economic Literature, 1996, 34 (2).

[161] Rubery J. Structured labour markets, worker organisation and low pay [J]. Cambridge Journal of Economics, 1978, 2 (1).

[162] Salamon Michael. Industrial relations: Theory and practice [M]. London: Prentice Hall, 1998.

[163] Silvia S J, Schroeder W. Why are German employers associations declining? Arguments and evidence [J]. Comparative Political Studies, 2007, 40 (12).

[164] Skocpol T. America's Incomplete Welfare State: The Limits of New Deal Reforms and The Origins of the Present Crisis. In Stagnation and Renewal in Social Policy: The Rise and Fall of Policy Regimes [M]. Armonk NY: M. E. Sharpe, 1987.

[165] Skocpol T. Political response to capitalist crisis: Neo – Marxist theories of the state and the case of the New Deal [J]. Politics & Society, 1980, 10 (2).

[166] Soskice D. Wage determination: The changing role of institutions in advanced industrialized countries [J]. Oxford review of economic policy, 1990, 6 (4).

[167] Streeck W, Hassel A. The crumbling pillars of social partnership [J]. West European Politics, 2003, 26 (4).

[168] Streeck W. How to study contemporary capitalism? [J]. European Journal of Sociology/Archives Européennes de Sociologie, 2012, 53 (1).

[169] Streeck W. Institutions in history: Bringing capitalism back in [C]. MPIfG Discussion Paper, Köln: MaxPlanck – Institut für Gesellschaftsforschung, 09/8/ 2009.

[170] Streeck W, Kenworthy L. Theories and practices of neocorporatism [M]. Cambridge Univ. Press, 2005.

[171] Streeck W. On the dismal future of capitalism [J]. Socio – Economic Review, 2016, 14 (1).

[172] Streeck W. Skills and the limits of neo-liberalism: The enterprise of the future as a place of learning [J]. Work, Employment and Society, 1989, 3 (1).

[173] Streeck W. Taking capitalism seriously: Towards an institutionalist approach to contemporary political economy [J]. Socio – Economic

Review, 2010, 9 (1).

[174] Streeck W., Thelen K. Introduction: Institutional change in advanced political economies [J]. Beyond Continuity: Institutional Change in Advanced Political Economies, 2005.

[175] Streeck, W. The transformation of corporate organization in Europe: An overview [C]. MPIfG working paper, No. 01/8, Max - Planck - Institut für, 2001.

[176] Swenson P. Bringing capital back in, or social democracy reconsidered: Employer power, cross-class alliances, and centralization of industrial relations in Denmark and Sweden [J]. World Politics, 1991, 43 (4).

[177] Swenson P. Fair shares: Unions, pay, and politics in Sweden and West Germany [M]. Cornell University Press, 1989.

[178] Swenson P. Labor and the limits of the welfare state: The politics of intraclass conflict and cross-class alliances in Sweden and West Germany [J]. Comparative Politics, 1991, 23 (4).

[179] Tengblad S, Andersson T. From industrial democracy to "co-workership": Development trends in work organization practices in Sweden [C] //International Labour Process Conference. 2014.

[180] Thelen K, Kume I. Coordination as a political problem in coordinated market economies [J]. Governance, 2006, 19 (1).

[181] Thelen K. The paradox of globalization: Labor relations in Germany and beyond [J]. Comparative Political Studies, 2003, 36 (8).

[182] Thelen K. Varieties of capitalism: Trajectories of liberalization and the new politics of social solidarity [J]. Annual Review of Political Science, 2012, 15.

[183] Thelen K. Varieties of labor politics in the developed democracies [J]. Varieties of Capitalism: The Institutional Foundations of Comparative Advantage, 2001, 71.

[184] Umney C, Greer I, Onaran Ö, et al. The state and class discipline: European labour market policy after the financial crisis [J]. Capital & Class, 2018, 42 (2).

[185] Vidal M. Postfordism as a dysfunctional accumulation regime: A comparative analysis of the USA, the UK and Germany [J]. Work, Employment and Society, 2013, 27 (3).

[186] Waddington J, Hoffmann J. The German union movement in structural transition: Defensive adjustment or setting a new agenda? [J]. Transnational Industrial Relations in Europe, Hans-Böckler-Stiftung, Düsseldorf, 2000.

[187] Weiler P C. Governing the workplace: The future of labor and employment law [M]. Harvard University Press, 2009.

[188] Whyman P, Burkitt B. The Role of the Swedish Employers in Restructuring Pay Bargaining and the Labour Process [J]. Work, Employment and Society, 1993, 7 (4).

[189] Wright E O. A general framework for the analysis of class structure [J]. Politics & Society, 1984, 13 (4).

[190] Wright E O. Social class [M]. Encyclopedia of Social Theory/ Ed. by G. Ritzer. 2003.